I	贝克德意志史
	皇帝、改革者与政治家

Karl der Grosse

Matthias Becher

卡尔大帝

(德)马提亚斯·贝歇尔 著　　任伊乐 译

广西师范大学出版社
·桂林·

Kaer Dadi

Karl der Grosse by Matthias Becher
Copyright © Verlag C.H.Beck oHG, München 2014

著作权合同登记号桂图登字：20-2017-208 号

图书在版编目（CIP）数据

贝克德意志史.Ⅰ：皇帝、改革者与政治家.卡尔大帝 /（德）马提亚斯·贝歇尔著；任伊乐译.—桂林：广西师范大学出版社，2021.1
ISBN 978-7-5598-3132-3

Ⅰ.①贝… Ⅱ.①马… ②任… Ⅲ.德意志帝国-历史②查理大帝(Charles the Great, Charlemagne 742-814)-生平事迹 Ⅳ.①K516.42②K835.607=314

中国版本图书馆 CIP 数据核字（2020）第 155061 号

出　版：广西师范大学出版社
　　　　广西桂林市五里店路 9 号　邮政编码：541004
网　址：http://www.bbtpress.com
出版人：黄轩庄
全国新华书店经销
深圳市精彩印联合印务有限公司印刷
（深圳市光明新区白花洞第一工业区精雅科技园　邮政编码：518108）
开本：787 mm × 1 092 mm　1/32
印张：4.875　字数：70 千字
2021 年 1 月第 1 版　2021 年 1 月第 1 次印刷
定价：198.00 元（全 7 册）

如发现印装质量问题，影响阅读，请与出版社发行部门联系调换。

目 录

导 言 / 1

第一章 统治巅峰：
800年圣诞节，卡尔加冕称帝 / 7

第二章 自西罗马帝国灭亡至768年卡尔掌权：
法兰克王国简史 / 19

第三章 卡尔的青年时代和即位初期：
从宫相之子到意大利的征服者 / 39

第四章 法兰克王国东扩：
萨克森、巴伐利亚和阿瓦尔 / 59

第五章 卡尔、教皇和东罗马帝国皇帝 / 83

第六章 统治帝国 / 103

第七章 卡尔的家庭与选定继承人 / 125

第八章 英雄和圣人：
中世纪时期后人眼中的卡尔 / 141

时间表 / 147

导　言

没有任何一个中世纪的统治者能够像卡尔大帝[①]一样，直到今天仍然家喻户晓。提到他，人们几乎自动会联想到历史上的丰功伟绩。在其他欧洲语言中，他的名字和别名甚至已经融合成为不可分割的整体：Charlemagne 或者 Carolomagno。毫无疑问，他是一位杰出的统治者；但是，他的性格怎样？关于卡尔大帝的外貌特征和个人才能，我们又知道多少？为了寻找这些问题的答案，我们要查找关于卡尔的文献。和其他统治者相比，有关卡尔的文献比较完善：有一名几乎和他同时代，并且和他关系非常要好的传记作家为我们记录了卡尔的生平。艾因哈德出身于东法兰克的贵族家庭，知识渊博，在 8 世纪末进入卡尔大帝的宫廷后迅速取得了一番成就。在卡尔大帝死后大约十年，

[①] 卡尔大帝拉丁文原名为 Karolus Magnus 或 Carolus Magnus，意为"伟大的卡罗斯"，法语名为 Charlemagne，中文目前多译为"查理大帝"或"查理曼"，德语名为 Karl der Große。由于在本书中，卡尔家族中有多位亲属名为"Karlmann"，若将"Karl"译为"查理"，则"Karlmann"译为"查理曼"，与卡尔本人的称号有矛盾。故本书按照德语名直译。

他写成《卡尔大帝传》。中世纪时期,君主的观察者通常会把君主描绘成符合基督教美德标准的模范式人物,君主的个人特征则显得无足轻重。艾因哈德却不强调基督教的美德,而是较为看重普世的、稳固不变的特征:卡尔"在智慧和心灵方面超过了所有同时代的统治者"。在叙述卡尔的私人和家庭生活之前,艾因哈德先论述了卡尔宠辱不惊的韧性。东罗马帝国皇帝对卡尔心存敌意,但卡尔仍然以良好的耐心和强大的心灵予以包容。此外,艾因哈德还对卡尔大帝的形象作了一番栩栩如生的描述:

他身宽体壮,身材高大,但并不显得不合比例,因为他的身高是脚长的七倍;他头顶呈圆形,一双大眼睛炯炯有神,鼻梁稍高,头发灰白,但很漂亮,表情友善,乐观开朗。因此,他无论坐立,都显得英姿勃发;尽管他脖子略显粗短,小腹稍稍隆起,但是身体的其他部分很匀称,所以掩盖了这些小瑕疵。他步态坚定,男子汉气概十足,说话音调较高,让人觉得与他的身形不甚匹配;他很健康,只是在临终前四年经常发烧,最终只能一只脚跛着走路。但是,即使在最后四年,他也常常自行其是,不遵从医生的建议,甚至有点讨厌医生,因为医生建议他戒掉他经常吃的烤肉,改吃煮肉。他按照法兰克人的习俗,经常骑马打猎。[……]他很喜欢冒着热气的温泉,经常练习游泳,且非常娴熟,可以说无人能够超越他。因此,他晚年在亚琛建了一所皇宫,住在那里直到去世。他不仅邀请他的儿子们来温泉沐浴,还邀请贵族和他的朋友,常常还有他的随从和护卫们,所以,有时候会有上百人和他一同沐浴。

或许,当年的温泉并没有这么拥挤,因为艾因哈德为了颂扬卡尔,把他理想化,常常会有所夸张。而且,艾因哈德在文辞表达上极力模仿苏维托尼乌斯[①]对古罗马皇帝的描写方式,只有少量细节采用了他自己的表述方式。对卡尔大帝骸骨的测量确认艾因哈德对卡尔身高的描述属实:卡尔大帝的确超过一米八。毕竟,艾因哈德还是提到了这位伟大统治者身体上的一些小瑕疵:鼻子大,脖子短,小腹隆起,声音尖细等,因此,或许艾因哈德的其他描述也是可信的。我们的信息来源并没有特意描写卡尔的性格特征,但至少我们仍能隐约猜测到卡尔的一些缺点:固执、暴饮暴食、渴望始终处于人群中心的表现欲。艾因哈德的陈述还反映出,卡尔平易近人,是个非常开放的人。卡尔一定非常喜爱美食,因为艾因哈德在其他地方也强调了卡尔大帝食欲极好:"在吃饭方面,他却不能节制,还常常抱怨说,斋戒有损健康。"但他一贯憎恶酩酊大醉,不仅对自己,对朋友亦是如此。

艾因哈德还提到了卡尔的其他性格特点,如啰嗦:"他口中的话形形色色滔滔不绝,他轻轻松松就可以明确表达自己要说的事情。[……]他健谈到甚至显得有点啰嗦。"这

---

① 苏维托尼乌斯(约70—122),古罗马作家,著有《罗马十二帝王传》等。

种外向的性格特点在悲伤的时候表现得尤其明显。人们原本以为他的心灵已经强大到令人惊讶的地步，但是，两个儿子和一个女儿去世时，他大出所料，难以平静。他对孩子们的爱非常深厚，也因此流下了许多泪水。罗马教皇阿德里安是他最喜欢的朋友，得知阿德里安的死讯后，他也哭得非常伤心，仿佛失去了兄弟或最爱的儿子。他对女儿们也爱得深切，甚至到不许她们出嫁的地步。一位好与人交往的父亲形象已然呈现在我们面前。卡尔在个人的事情上也能够做到节俭，比如只在隆重的节日才举办盛宴、穿相应的节日长袍或外国礼服，平时几乎总是穿普通的衣服。

另外，据艾因哈德的描述，卡尔不规律的生活作风让人很容易联想到古罗马的第一位皇帝奥古斯都：夏天，他在午饭后休息两到三个小时，而在夜里睡觉时，"他要醒四到五次，不仅醒来，而且站起来。他不仅会边穿衣服和鞋子、边接待自己的朋友，甚至有一次，当一位皇室成员请求他裁决纠纷——因为没有他，纠纷就无法解决——他深夜立即召来争执双方，查明事件原委后宣布裁决，就好像当时坐在法官椅上。这并不是个例，而是他当天的工作；他委托一名仆人将这件事安排在这个时间解决"。夜里，卡尔应该还练习过写字，但收效甚微。读和写在中世纪并不是统一的整体，因此，卡尔的阅读水平如何，目前仍然处于争论中。但无论如何，他的求知欲驱使他研究当时的各类科学。他对天文和星象很感兴趣，甚至在吃饭时命人朗读圣奥古斯丁的作品。至于他是否真有兴趣接受更高等的教育，目前还有待观察。据艾因哈德所说，卡尔的餐桌读物还包括《古人的故事和作为》，吃饭时还命人奏乐。或许，和那些繁缛复杂的宗教论文相比，卡尔可以从故事和音乐中学到更多。

尽管我们有关于卡尔外貌和某些性格特征的明确描述，但是，仅凭这些并不足以撰写符合当代要求的卡尔传记。艾因哈德的描述受到某些刻板手法的过多约束，另外，我们还缺少能够反映卡尔所思所感的私人文献。我们仅获得一些在某种程度上详细描述卡尔行为的文献，因此能够讲述卡尔的政治生涯。然而，即使要满足这一不算苛刻的要求，当代历史学家仍然很快就碰壁，因为多数文献并没有明确的主题。因此，有关卡尔大帝功业的问题，最终并不能给出准确答案。例如，征服萨克森无疑是法兰克王国的一次胜利；但是，鉴于为此作出的牺牲，以及卡尔为此耗费了大约三十年之久，这次胜利是否还算得上成功？因此，本书与其他每一部描写中世纪早期或盛期统治者的当代传记一样，是作者长年研究史料和文献后，对历史人物的个人阐释。

圣彼得赐予卡尔大帝象征世俗统治权的系着军旗的长矛，赐予利奥三世象征宗教统治权的白羊毛披肩。

位于罗马拉特兰宫利奥三世用餐室墙上的镶嵌画（18世纪）复原图；引自 L. 施塔克的《德国历史》第一卷，比勒弗尔德，1888 年

第一章

统治巅峰：
800年圣诞节，卡尔加冕称帝

800年耶稣诞辰：圣诞节上午，卡尔大帝步入罗马圣彼得大教堂。依照古老的习俗，圣诞节期间，教皇会在圣彼得大教堂举办圣诞集会。卡尔此次正是为了参加第三次圣诞集会。大家都跪着，低头念着祷词。当卡尔站起身时，利奥三世手持一顶皇冠，戴在了这位法兰克国王的头上。在场的罗马人立刻明白了此举的涵义：他们拥戴卡尔为皇帝。在圣徒们的号召下，在场的罗马人高呼三遍："卡尔，最虔诚的奥古斯都，被神授予皇冠的、伟大的、缔造和平的皇帝！万岁！胜利！"依照古老的传统，教皇向新皇下跪，以表敬意。

800年圣诞节发生的这件事轰动了世人，并且带来了深远广泛的影响。从此，中世纪欧洲皇权被建立起来，后来以德意志民族神圣罗马帝国的形式一直延续到1806年。同时，这种皇权与教皇的教权紧密相连，尽管卡尔本人绝无此意。当时的世人应当也很清楚这一行为的意义，因为拜占庭帝国认为自己才是罗马帝国的直系延续，卡尔此举无异于向拜占庭发起了挑战。直到此时，君士坦丁堡的东罗马皇帝仍然是包括西欧地区在内公认的最高世俗权力的拥有者。从没有任何一位法兰克国王、伦巴第国王或哥特国王敢正式否定东罗马皇帝的统治地位。对历任教皇（直到利奥三世的前任教皇阿德里安）来说，东罗马皇帝都是他们在神学事务中最重要的伙伴；法兰克国王仅被允许为教皇和罗马城提供世俗保护。未加冕称帝前，卡尔在所有权力排名中都只能退居其次：宗教权力位列古老的最高宗教代理人教皇之后，世俗权力位列东罗马皇帝之后。

卡尔最终的加冕称帝，源于永恒之城罗马的几起骚乱。795年，教皇阿德里安逝世。与阿德里安不同，继任者利奥三世并非出身于罗马的贵族统治阶层，他之所以能够获得教皇之位，完全是凭借自己在罗马教廷中的贡献。很快，新任教皇和贵族之间的关系就变得十分紧张。对此，当时的史料并没有说明，但大概是涉及罗马城以及周边地区的权力和影响力分配问题。对新任教皇不满的人，以帕斯卡利斯和坎姆普卢斯为首，前者还是阿德里安的侄子。两人都曾在阿德里安手下任职，都是教皇的高级宗教管理官员。在圣马可节，即799年4月25日，起事者利用罗马的节日游行发起颠覆他的行动。教皇被抓住，并遭受虐待，有人甚至打算挖掉他的眼睛，割掉他的舌头。这种虐待方式就是为了使利奥三世终生无法再担任教皇一职。或许，确实有人在圣西尔维斯特教堂修道院中为教皇举行了一场正式的退位仪式。然后，教皇先在圣西尔维斯特教堂被监禁，随后又被转移到了西里欧山的圣伊拉斯谟修道院。

但是，反叛者们在未征求法兰克国王卡尔的意见之前，并不敢另立新教皇。因为卡尔才是意大利北部和中部地区的实际统治者。他曾经正式承认过利奥三世的教皇地位，而利奥三世当选教皇时，甚至派人把圣彼得墓地的钥匙和罗马城的旗帜转交给卡尔，以此凸显卡尔作为罗马城守护者的角色。反叛者们的行动要取得成功，就无法绕开卡尔。帕斯卡利斯和坎姆普卢斯不需要害怕无法回避的磋商，因为卡尔非常重视与前任教皇的关系，而他们在罗马代表了亲阿德里安派，因此在法兰克宫廷中应该也是颇受欢迎的。事实上，在这年夏初，法兰克使者曾到访罗马。当然，之后的事件并没有顺反叛者们的意。可以推测，反叛者和卡尔的使臣之间关系紧张。而且，正是因为使臣的出现——甚至可能是因为他的干涉，利奥才被释放。至此，事件已经变得复杂，只能由卡尔亲自裁决。教皇，可能也包括他的对手代表，被带到北方的法兰克宫廷，以便在卡尔面前辩护各自的立场。

尽管收到了罗马叛乱的消息，卡尔仍然没有放弃自己原定在799年征战萨克森的决定，只计划在罗马短暂露面。他仍然从亚琛渡过莱茵河，在帕德博恩的行宫度过夏天，而他的儿子卡尔继续向易北河进军，攻打反叛的萨克森人。我们可以从卡尔的宫廷学校校长阿尔昆的信中了解到，当教皇和他的对手们还在赶路时，法兰克宫廷已经在激烈地讨论下一步的行动了。阿尔昆引用了6世纪初臭名昭著的

《西马库斯伪书》中的一句话:"首座[指教皇]不受任何人审判。"而此时,利奥来到法兰克宫廷,等待与人争辩教皇一职。罗马反叛者的代表也出现在宫廷上,指责利奥通奸,不恪守誓言。他们的控诉太过尖刻,而且火药味十足,以至于阿尔昆看过其中一封控诉书后便把它烧掉了,"以防因为诉状保管人的一时疏忽引起不愉快的事情"。最终,为教皇辩护的一方取得胜利。此外,利奥有可能在此过程中尝试了所有能想到的方式拉拢卡尔。而他能提供的,便是皇权。

8世纪末,东罗马帝国皇帝君士坦丁在教皇辖区内颁布《君士坦丁御赐教产谕》,也就是所谓的"君士坦丁赠礼"。传说君士坦丁大帝(306—337年在位)为感谢罗马主教西尔维斯特治愈了他的麻风病,对罗马主教作出以下承诺:他承认罗马在教会中的地位高于其他所有教区,赐予罗马主教皇帝徽章,并将拉特兰宫、罗马城,以及意大利和罗马帝国的西部诸行省赠予罗马主教。然后,君士坦丁大帝便回到博斯普鲁斯海峡边以他本人名字命名的城市,满足地统治着东方。倘若教皇利奥三世确实也有类似想法,那么他就不难想到,他在授予皇权的事情上有着举足轻重的发言权。卡尔也不会立刻拒绝,因为卡尔的父亲丕平曾求助于罗马;他当时企图推翻前代墨洛温王朝,取而代之。只要政治上对双方都适宜,丕平和卡尔也愿意按照教皇的意志行事;否则双方各行其是,教皇统治教会,国王统治王国。只有在加封新皇时,世俗统治者们才欢迎圣彼得的继承人。最终，教皇仅享有崇高的宗教威望，因而对享有实权的加洛林王朝已经无法构成威胁。

利奥三世在罗马也象征性地表达了向法兰克人求助的信号。拉特兰宫的用餐室，以及最具代表性的教皇会客厅，或许都是他在这一时期命人用显眼的镶嵌拼接画装饰的。在教堂后殿的半圆形拱壁上，有耶稣派遣使徒的壁画。壁画左侧的墙上可能画着坐在宝座上的耶稣，跪拜在他身旁左右的分别是君士坦丁大帝和圣彼得；耶稣授予圣彼得象征耶稣威严的白羊毛披肩，授予君士坦丁大帝拉布兰旗（皇权旗）。与之对应，壁画右侧的墙上描绘的是坐在宝座上的圣彼得，他把白羊毛披肩授予利奥，把系着罗马军旗的长矛授予国王卡尔。下方的铭文是："圣彼得赐予利奥生命，赐予卡尔胜利。"彼得·克拉森对这幅镶嵌拼接画的解释如下："在这里，犹如教皇对应圣彼得，戴着皇冠拿着剑的法兰克国王对应基督教教皇统治权的奠基人君士坦丁，这使得他可以从圣彼得那里获得世俗保护的象征。这并不是依据宪法对国家主权的表达，而是在宣告，上帝和圣彼得把直接守护罗马教会、教皇和罗马城的任务，赋予法兰克人的国王，而不是东方君士坦丁的继承人……罗马用这幅画明确地表明，罗马不再依靠君士坦丁堡，转而依赖法兰克人——卡尔取代了君士坦丁的位置。"

但是，后续事件表明了权力分配的真实情况。卡尔并没有立刻为教皇洗清冤屈，而似乎把教皇的冤屈作为筹码。尽管在799年秋天，卡尔委派许多法兰克地区的主教随教皇一同前去罗马调查事件原委——主要在拉特兰宫的用餐室工作，但结果令教皇大失所望：反叛者仅仅被放逐到法兰克地区，对教皇的控诉也没有彻底消除。利奥一如既往，必须仰赖卡尔的同情和帮助。

卡尔已从帕德博恩返回亚琛。800年初，一群主教从耶路撒冷为他送来圣墓的遗骸，而后，卡尔派遣神父扎哈里亚斯与他们一同离去。就在卡尔加冕前不久，扎哈里亚斯出现在罗马，并向卡尔作了汇报。那么，扎哈里亚斯可能在踏上路程时，就已经知道，年末时卡尔将待在罗马。而且，卡尔在800年的种种行为也表明，他在图谋大事。那年春天，他巡视了一圈法兰克王国，在图尔不仅会见了阿尔昆，而且和他的三个儿子卡尔、丕平和路易举行了一场家庭会议。一位笔名为路德维希斯的传记作家曾明确记载，此次会议的目的就是谋划意大利之行。

由于王后柳特加尔德6月4日在图尔去世，卡尔的行程可能稍有延误。8月初，卡尔在美因茨召开大会，而后启程前往意大利。他在拉韦纳休息七天，派儿子丕平到独立公国贝内文托劫掠战利品，自己则向罗马进发。8月23日，教皇和罗马人民在罗马城外十二英里的门塔纳隆重迎接卡尔。共同用餐后，教皇早一步返回罗马，并派人在第二天卡尔入城时举罗马市旗迎接，还命罗马人民和外地人在相应的地点排队迎候，齐唱赞歌；教皇本人则和主教、信徒们在圣彼得大教堂的台阶上迎接卡尔。此等仪式，已经称得上皇帝的待遇。因为通常教皇仅出城六英里迎接皇帝，而此次迎候竟然出城十二英里。卡尔作为"罗马人的守护者"①（patricius Romanorum），之前只需人出城一英里迎候，也从未接受过教皇的亲自接待。参与此次活动的人想必都已明白迎接方式变化的意义。

而且，卡尔不仅像皇帝一般被迎进罗马，他尚未加冕时的举止也如同是这世上最高世俗权力的拥有者。他到达罗马一周后，便召集城中所有宗教和世俗领导人举行宗教会议。这个会议不仅在古老的帝都、教皇的所在地罗马举行，其最重要的议题也是皇帝级的：会议事关对教皇利奥三世的指控。对教皇的诋毁——或许也是依照卡尔的意愿——依旧没有彻底清除。

此次宗教会议持续了数周之久。似乎与会的法兰克王国和罗马的一众精英也不能解决最重要的问题：澄清对教皇的诋毁。没人愿意去检验诋毁的真实性，甚至没人敢出面与教皇当庭对峙。另一方面，罗马若想重归安宁，就必须驳倒对教皇的控告。最终，利奥勉强接受了以宣誓表明自己清白的解决方案。12月23日，他登上圣彼得大教堂的布道坛，高举福音书，郑重宣布，别人对他的诋毁都是虚妄。至此，所有指控都澄清了，因为在当时，此类程序上无可指摘、内容上准确具体的口头宣誓，可以毫无疑问地证明宣誓人所言属实。会议气氛大为缓和，并立刻举行了一个感恩仪式。然而大会并未转而针对其指控已被利奥的

---

① 君士坦丁一世（306—337年在位）设立的荣誉称号，以表彰主要的司法和军事官员。

誓言证伪的阴谋者，而是进入另外的主题。

根据著名的洛尔施修道院的年代记记载，在教皇宣誓证明自己的清白后，宗教大会以如下发言结尾："人们应当推举卡尔，法兰克国王，成为皇帝。"年代记作者对该决议的动机也描述得颇有意味：首先，在拜占庭，皇帝头衔是空缺的，因为自797年开始，掌权的是一个女人。相反，上帝本会"将众多皇帝一贯选定的首都罗马，以及意大利、高卢和日耳曼尼亚等地的其他皇帝行宫都置于卡尔的统治之下"。与会者的请求让卡尔无法拒绝，于是在圣诞节，卡尔被教皇授予皇帝头衔。作为那个时代的唯一史料，《洛尔施年代记》提到了卡尔称帝对世界政治的影响：它的确对拜占庭帝国发起了一大挑战。罗马人和法兰克人以女皇伊琳娜的性别为由否认她的统治能力，通过这种方式为卡尔登基称帝创造了辩论条件。作者在此提到皇帝头衔，实际上是在援引一种广为人知的论证模式，它可以追溯到基督教早期神学家奥古斯丁（354—430）和圣伊西多尔（560—636）的学说，现代学术通常将其称为"唯名论"。按照该学说，若统治者想正当地享有某个头衔或名号，就必须履行与自己头衔相关的各项义务。倘若不履行，他人可以另外推举新国王或新皇帝。从这层意义上，年代记中也指出，卡尔统治着前罗马帝国的一大部分地区，因此是古罗马皇帝的真正继承人。

另一个原因是，罗马教会平息了反对教皇、引起骚乱的内斗。而年代记作家则把这条原因视为卡尔称帝的结果。

即使之前卡尔作为国王以及"守护者"(patricius)，已经拥有审判制裁反叛者的权力，但称帝后，卡尔的这项资格变得更加无可置疑。其他史料几乎异口同声地证实了《洛尔施年代记》的记载。卡尔称帝几天后，便将反叛者传唤上庭，依照罗马法判处他们死刑。这时，教皇反而出面说情，最终他们获得减刑，只遭到流放。法兰克人的官方历史中如是记载。而教皇一方记载的历史中，并没有教皇干涉定刑的事件。可能只有法兰克人愿意为反叛者减刑。或许，帕斯卡利斯和坎姆普卢斯是因为和前教皇阿德里安的亲属关系才被宽容以待。无论如何，他们安然无恙地度过了流放法兰克的时光，816年利奥死后，他们最终还成功返回罗马。

许多迹象表明，卡尔本人也为自己的称帝事宜出力良多。但他的传记作家艾因哈德却提供了相反的证据："他来到罗马，并在那里度过整个冬天，是为了把教会从分崩离析的危难境地中拯救出来。正是在此期间，他被委任为皇帝和奥古斯都；这最初与他本人的意愿相违背，他甚至保证，假如能提前得知教皇的意图，那么，即使那天是庄严的节日，他也决不会踏进教堂。"然而，艾因哈德描绘这一历史事件时，已然经过了一代人的时间。他可能会用800年以后发生的事件推测当时的情景。此外，艾因哈德受古典教育理念的熏陶，可能会按照修辞学和古罗马皇帝传记的模板，为主人公提供某种必要且重要的行为方式：以谦逊的姿态迎合大众，虚意拒绝民众给予的巨大荣耀。或许，艾因哈德也觉得，有必要事后修正这一瑕疵。可以确定的是，在相当长一段时间里，卡尔并不确定自己的帝国以后应当如何命名。但从801年5月起，卡尔开始采用新的头衔，不偏不倚地满足他统治辖区内所有重要民族的要求："卡尔，最仁慈的、崇高的、由上帝加冕的、伟大的、带来和平的罗马帝国皇帝，受上帝怜悯兼任法兰克和伦巴第国王"。

799年夏初发生的袭击教皇事件，加快了卡尔称帝的过程。但是，即使没有这个因教皇权力虚弱而产生的机会，卡尔也极有可能会尽力追求与古老的东罗马帝国皇位相对等的地位。加冕称帝前，卡尔已经通过多次征战，把他的法兰克王国拓展成自罗马帝国以来西欧最大的王国；称帝后，皇权则构成了他庞大帝国的荣耀象征。但是，加冕称帝是否是他在今天欧洲诸国土地上，如意大利、西班牙、德国、奥地利和匈牙利等，采取军事行动所追求的最高目标呢？由于缺少史料信息，该问题只能暂时搁置。卡尔为巩固皇权，采取了一系列内政措施。这些措施，据推测，也是在东方已然没落，或者说还在苟延残喘的东罗马帝国模仿的榜样。800年圣诞节的加冕称帝，无疑是卡尔统治的巅峰，也是整个法兰克历史的巅峰。

第二章

自西罗马帝国灭亡至768年卡尔掌权：法兰克王国简史

768年卡尔掌权时，法兰克王国已经是欧洲最强大的国家。三个世纪前的476年，西罗马帝国在欧洲西部灭亡。当时谁也无法料到，法兰克王国将继承罗马帝国的遗产。直到卡尔加冕称帝，这段历史才终告完成。历史发展的趋势其实早已有所预示，自6世纪上半叶以来，法兰克王国已经在曾经的罗马帝国领土上称霸一方。然而，回顾这段漫长的历史之路，法兰克人在最终成为罗马继承人之前，依旧经历了许多坎坷起伏。

罗马帝国的史料在3世纪中期第一次提及法兰克人，他们和3世纪五十至七十年代撼动罗马帝国的"日耳曼大入侵"有关。"法兰克人"——意为"勇敢的、果敢的、猛烈的人"——可能是外族对聚居在莱茵河和威悉河之间的许多部落的总称。这些部落的人逐渐变成了随军打仗的仆从，他们侵入罗马帝国，以便获取战利品，或在军队中赢得声望。他们有的被罗马人消灭，有的被强征作民兵或蛮族兵迁移到高卢北部，还有的被招募为罗马陆军的士兵。尤其从4世纪中期以后，许多满足特定条件的法兰克或其他日耳曼部族被高卢接纳，成为承担帝国兵役的臣民。

法兰克人广泛地融入罗马帝国，个别甚至在帝国军队中取得了领导地位。5世纪中期后，罗马帝国的统治权力在高卢崩溃，法兰克人利用这次机会，在高卢北部大肆扩张。科隆和特里尔落入其手。法兰克人中的一支在其首领克洛迪奥的领导下，征服了康布雷地区，并挺进到索姆河一带。根据后来的传奇故事，克洛迪奥和他的儿子墨洛维把自己家族的出身追溯到诸神身上，然后开启了墨洛温王朝。此外，墨洛温王朝早期的国王和其他日耳曼人的国王一样，任命自己为罗马国家政权的代表，通过这种方式，使自己对高卢-罗马部族的统治合法化。

482年，墨洛维的孙子克洛维登上政治舞台。他首先征服了高卢北部残留的罗马统治区，尤其是苏瓦松城。至此，剩余的、仍能运转的国家政权都落入他的手中：国土、铸币厂、税务机构，更重要的是残留的罗马陆军系统，如武器厂和驻防阵地。496年至497年，克洛维作了一个影响极为深远的决定：他打破本民族的异教传统，改信基督教。他在新宗教中选择了高卢-罗马部族都信仰的天主教，并于498年在兰斯接受洗礼。他用这种方式，为法兰克人与王国内占多数的罗马人的融合创造了最重要的条件。在这一点上，克洛维的法兰克王国与前罗马帝国土地上的其他大日耳曼王国极为不同。哥特人、勃艮第人和汪达尔人虽然也已成为基督徒，但他们最初仍然遵守阿里乌派而非天主教的教义。由于克洛维改信基督教,不久他就被尊称为"新君士坦丁"。和同在罗马帝国土地上的其他日耳曼政权相比,他选择天主教的决定保证了法兰克王国在结构上的优越性。

克洛维在统治法兰克王国的最后几年中,继续拓展王国疆域,最迟于506年彻底战胜阿雷曼人;至此,法兰克王国的影响力经莱茵河上游扩展到了多瑙河地区。507年,他在普瓦捷地区的武耶击败了亚拉里克二世领导的西哥特人,一年后,又征服了西哥特王国的首都图卢兹。其余法兰克部族的许多小王国可能也是在这一时期纷纷陷落。至此,克洛维成为所有法兰克人的国王。他的成就甚至惊动了君士坦丁堡。东罗马帝国皇帝阿纳斯塔修斯一世认可了克洛维的统治权,于508年派遣使团到图尔,封他为名誉执政官,并赐予他王权的象征(紫色长袍、披风和王冠)。此次认可似乎把克洛维的统治风格送到了帝国的轨道上。也许是为了模仿古罗马皇帝,克洛维任命自己为立法者,在统治接近尾声时,下令将法兰克民族自古以来仅通过口头流传的法律编撰成《萨利克法典》。他还模仿古罗马传统,于511年在奥尔良召开第一届法兰克王国宗教大会,在会上第一次与高卢地区绝大多数隶属罗马教会高层的主教们紧密合作。

克洛维死于511年,享年约四十六岁。他的王国从莱茵河一直延伸到比利牛斯山,在他死后被四个儿子瓜分。其中一子几年后便逝世,其分到的疆土又被一分为三。但当时，法兰克人的扩张力丝毫不减。530年左右，法兰克人征服图林根王国；532年，又击败勃艮第人，并在两年后瓜分其王国。537年，东哥特人被拜占庭袭击，他们让出普罗旺斯，以此换取法兰克人的武器援助。通过这种方式，法兰克人获得了直通地中海的长久通道，而地中海是当时的经济中心。一系列的成功加强了法兰克人的自信。克洛维的孙子提乌德贝尔特（卒于548年）极力模仿皇权统治，自539年起，多次以武力干预意大利。在阿尔卑斯山北部，他把他的王国拓展到了潘诺尼亚。他还自豪地向东罗马皇帝查士丁尼（527—565年在位）炫耀自己的各项成就，后者斗争了数十年才让意大利臣服。

墨洛温王朝历代国王的地位也随着权力向外扩张而不断提高。就个人而言，国王的权力主要建立在对大军团的支配权上；大军团的成员必须为国王效忠。此外，国王是王国内外和平与法制的保障。因此，克洛维的一些子孙也会作为立法者补充《萨利克法典》的个别规定。由于高卢-罗马人人口众多，罗马帝国政权的残存部分对墨洛温家族在王国内部的地位至关重要。墨洛温家族统治权的物质基础本质上由罗马帝国留下的国家资产，即广袤的土地组成。他们代替古罗马皇帝，继承罗马皇帝的官员体制，在高卢的广大地区征收罗马税和关税，以此聚敛了大量财富。

王宫是王国的统治中心，其组织方式也模仿罗马。所有官员都享有伯爵（comes）头衔。例如，"马房伯爵"负责整个运输系统。另外还有管理珍宝的"珍宝总管"，管理财务的"司库大臣"。王室官署由候补官员管理，如有需要，候补官员还可负责其他任务。最后，必须介绍宫相。"宫相"之名已经说明，他的工作原本只是负责管理王宫。6世纪下半叶，由于即位的几代国王都是未成年，宫相的权力不断增大。国王实际上被宫相操纵，这导致宫相最终成为王国内最有权势的官员。王室成员有时待在一些重要的城市，有时则在王宫周围的众多乡下行宫里停留数周之久。各地古罗马时代留下的公共建筑通常都被当作王室驻地。王国最重要的城市有东部的兰斯和梅斯，西部的巴黎、苏瓦松和鲁昂，勃艮第地区的奥尔良，以及索恩河畔的沙隆。

尽管古罗马时期的行省划分已经不再发挥任何作用，但王国的地方管理本质上仍然建立在古罗马时代后期的基础上。稍低一级的行政单位是城邦（civitates），指城市及其周围地区。城邦由伯爵管理，伯爵长期代表国王，掌握城邦的司法权，并且管理军队和民事。按照这种模式，墨洛温国王在城镇化很低的高卢北部地区也任命了许多伯爵，但他们的辖区实际上叫作"区"。在王国所有地区，都可以在伯爵以上设立公爵；一名公爵可以支配多个下属的伯爵，他们主要行使最高军事指挥权。在莱茵河以东、高卢南部和勃艮第的部分地区，公爵封地已经变成了常设机构，从而成为当地最重要的权力中心。组织某些曾经独立的部族时，例如阿雷曼人、图林根人和巴伐利亚人，公爵的权力就变得尤其重要。

通常，城邦还保有自身的经济功能。一方面，城邦内部可以进行工商业生产；另一方面，城邦内也有供应必要食品的集市。城邦里的高卢-罗马贵族拥有大量奴隶，因而可以采用细化分工的种植方式；但是，单凭贵族的大型庄园并不能决定城邦的农业生产，因为城邦里还有大量小农场主，他们时而依赖贵族，时而维持独立。但在勒芒—巴黎—莫城以北，这种社会结构已经崩溃，土地主要由罗马裔小农场主经营，他们依附于王室，或依靠当地掌握宗教或世俗权力的人。法兰克族人主要是独立自主的小农场主，他们中仅有少数属于庄园主阶层。法兰克人住在小村庄里，只耕种较好的土地，因此，从5世纪开始，高卢北部和东部的广袤土地一直无人耕种。专门的手工业只在少数地方幸存。通常农民都在农场里自给自足，满足日常所需。这样的生产条件导致货币经济大幅萎缩。

墨洛温王国的社会机构极为多样。根据《萨利克法典》，在古老的法兰西亚，即法兰克人的核心地区，生活着大量经营农业的自由人，即自由农，他们有权携带武器，有权在法庭上为自己辩护。相邻的村庄组成联合会，由联合会管理地区问题。若自由农被他人杀害或伤害，作案人必须向受害者的亲属支付赔偿金二百先令。依赖自由农的半自由农只能有限地参与公共生活。法律规定，半自由农和罗马人的人身赔偿金为一百先令。奴隶的数量也不容小觑，但是，根据中世纪早期的法律规定，奴隶的地位近乎牲畜和物品，而非人类。

《萨利克法典》中并没有关于法兰克贵族的规定，但法兰克人承认通过血脉继承的贵族特权。贵族阶层拥有大量土地和人力，可以如国王一般建立自己的仆从军，因而取得了很高的政治地位。在卢瓦河以南，古老的高卢-罗马贵族家庭（即元老家族）的政治、经济、社会特权至少维持到了7世纪。贵族生活的中心就在墨洛温家族各个分支掌权的宫廷中。贵族们的父辈在统治阶层中担任不同的官职或承担不同的功能，同时，他们教育自己的子孙，为子承父业作准备。自由农和非自由农可以为王族服务，从而获得迅速提升自身社会地位的机会；而失去王族信任或不服从王族的贵族官员则会大难临头，甚至导致整个家族的社会地位不保。

除了高卢最北面和东部部分地区以外，其他地区的教会都基本上完好无损地挺过了罗马帝国灭亡和法兰克王国建立的更迭变化。各地教会仍然和当初一样，按照古罗马后期的行政单位架构进行组织。因此，由一座城市及其周边地区构成的城邦通常也是一个主教管区，管区内和君主制政体类似，由一位主教领导；行省也相对应地与教省类似，由大主教领导。大主教参与主教的任命工作，并负责召开本教省的宗教会议。6世纪时，高卢地区共有十一个大主教联合会和一百二十八个主教管区。自6世纪开始，国王对教会事务的影响力日益增加，大主教的作用日益减弱。主教负责监管所有教堂、教会机构、教会财产，并救济穷人。早在古罗马后期，主教就已经多方面参与了城邦的世俗管理工作。此外，主教常常也属于元老阶层。在高卢南部，主教们承担了大量世俗管理工作，甚至可以说是"主教统治"。这导致的结果就是，国王很快开始把自己信任的人任命为主教，而通过教士和人民选举官员的传统方式则无人问津。国王任命主教时，也会顾及元老们（即高卢-罗马贵族）的意见。但随着时间流逝，法兰克贵族也开始关心宗教事务。教会对墨洛温家族的约束力主要体现在法兰克宗教会议上。自上文提到的511年奥尔良宗教会议以后，王国举行了大量宗教会议，对法律问题、行政问题和祭礼问题等都作了规定。王国以罗马为榜样，但在宗教事务上并没有崇拜圣彼得。

克洛维仅存的儿子克洛塔尔一世使法兰克王国暂时统一，这是系谱发展的巧合。克洛塔尔一世于561年去世时，和父亲克洛维一样，留下了四个儿子。王国再次被四个儿子瓜分；因为其中一个儿子英年早逝，王国又由一分为四变为相对稳定的一分为三。因此，之前三分王国时期的分界线，又构成了三个小王国划分边界的基础：首都设在兰斯的（东部的）奥斯特拉西亚，以巴黎为首都的（西部的）纽斯特里亚，以及首都在奥尔良的勃艮第。克洛塔尔子孙之间的血腥争斗使法兰克王国陷入持续内战，战争直到613年才停止。小王国国王之间相互斗争需要贵族的支持，因此，贵族成了王国斗争的最终赢家。随着斗争的进行，贵族群体逐渐集中到以上三个小王国中的一个，所以，墨洛温王朝的内部斗争也间接导致了贵族阶层的稳定。

613年，克洛塔尔一世的孙子克洛塔尔二世战胜了与他对立的堂兄弟，成为法兰克王国的唯一统治者。克洛塔尔二世和加洛林家族两位先祖的发迹史息息相关。其中一人阿努尔夫，曾在613年邀请克洛塔尔二世到奥斯特拉西亚，并被晋升为奥斯特拉西亚首都梅斯的主教；与他共同开基创业的另一个加洛林家族先祖丕平一世则暂时居于幕后。克洛塔尔二世更喜欢巴黎，所以，和克洛塔尔一世执政时期一样，巴黎再次成为整个王国的首都。克洛塔尔二世不想，也无法改变多个小王国各自独立的局面，所以他选择迎合奥斯特拉西亚的贵族，于623年在奥斯特拉西亚立长子达戈贝尔特为国王。此时，擢升宫相的丕平和梅斯主教阿努尔夫成为达戈贝尔特身边的宫廷顾问。629年或630年，克洛塔尔二世去世后，达戈贝尔特继位成为法兰克王国的唯一统治者，像他的父亲一样主要住在巴黎。他也迎合奥斯特拉西亚贵族的独立意识，于633年或634年任命两岁的儿子西吉贝尔特三世为东部小王国的国王。

639年达戈贝尔特去世后，墨洛温王朝开始每况愈下，因为它的继任者常常是未成年或羽翼未丰的青年，几乎没有任何政治影响力。由于国王无能，贵族群体代替国王决定王国的命运，他们中的最优秀者都渴望取得宫相一职，因为宫相可以控制无能的国王，尽管国王仍是必不可缺的合法载体。法兰克王国的内部斗争导致纽斯特里亚和奥斯特拉西亚的分裂越来越严重，虚弱的法兰克人无法再有效地控制阿基坦和莱茵河右岸地区，在那里，公爵领地的地位几乎独立。

达戈贝尔特未成年的儿子西吉贝尔特三世成为他之后的奥斯特拉西亚国王,而纽斯特里亚和勃艮第的国王则是克洛维二世。丕平的儿子格里莫阿尔德在权力斗争中击败贵族对手,成为奥斯特拉西亚宫相。西吉贝尔特三世于656年至657年间去世。格里莫阿尔德把西吉贝尔特三世年幼的儿子达戈贝尔特放逐到爱尔兰,然后立"养子"希尔德贝尔特为国王。希尔德贝尔特可能是格里莫阿尔德的儿子,被西吉贝尔特三世领养;也有可能是西吉贝尔特的第二个亲生儿子,但是受格里莫阿尔德操控,以便进一步稳固格里莫阿尔德在奥斯特拉西亚的地位。然后,奥斯特拉西亚再次爆发内部斗争。最终,克洛维二世的遗孀巴蒂尔德和她的宫相埃布罗安带领纽斯特里亚人向格里莫阿尔德宣战,并战胜了他。662年至663年,国王希尔德贝尔特被巴蒂尔德的一个儿子希尔德里克二世代替。然而,675年左右,格里莫阿尔德的侄子兼继承人丕平二世在奥斯特拉西亚再次掌权。

纽斯特里亚贵族内部的冲突为丕平二世西进铺平了道路,此时,他迎来了他的光辉时刻。687年,他在索姆河边的泰尔特里战役中战胜了纽斯特里亚宫相贝尔塔尔。一年后,丕平谋杀了他的对手,从而成为法兰克王国事实上的唯一统治者。他本人返回了奥斯特拉西亚,但命人监视留在纽斯特里亚、表面上统治整个王国的提乌德里克三世。法兰克核心地区的权力斗争无疑为法兰克王国边缘地区——例如阿基坦、阿雷曼尼亚、巴伐利亚或图林根——争取事实独立提供了可乘之机。仅在阿雷曼尼亚，丕平就利用公爵戈特弗里德死后的继承权纠纷，在709年至712年间发动过多次战争，从而扩大了自己在阿雷曼尼亚的影响力。

另外，丕平和普莱克特鲁德的婚姻也是他成功的一个重要原因。她出身于奥斯特拉西亚一个强大的贵族世家。他们的两个儿子德罗戈和格里莫阿尔德小时候已经受丕平吩咐，去勃艮第和纽斯特里亚完成责任重大的工作，这也表明，丕平已经决定让儿子们继承自己的政治遗产。丕平二世第三个儿子卡尔的母亲卡尔派达同样出身于有影响力的贵族家庭，但是，卡尔暂时仍然只能排在两个哥哥后面。然而，德罗戈于708年去世，格里莫阿尔德于714年被谋杀。接下来的继承人顺序很大程度是普莱克特鲁德参与决定的结果：她企图作为摄政王后指导自己年幼的孙子统治王国。

714年12月，丕平二世去世。这时许多贵族站出来反对普莱克特鲁德的统治。更重要的是，她在纽斯特里亚的对手于715年在贡比涅击败了她的孙子提乌多阿尔德，并控制了墨洛温王室的国王。和过去一样，前线在奥斯特拉西亚和纽斯特里亚之间。但在716年，纽斯特里亚人在其宫相拉甘弗莱德带领下，攻打到马斯河一带，甚至逼近科隆。此时，许多奥斯特拉西亚人抛弃丕平二世的遗孀，转而支持丕平的儿子卡尔，后者因为在战争中勇猛无比，从9世纪开始被追谥为"铁锤卡尔"。717年至718年间，卡尔击败纽斯特里亚人，并迎回了墨洛温王室的国王，使其成为自己统治合法化的傀儡。

铁锤卡尔以铁腕统治法兰克王国，强势镇压反对派。他还征服了许多在当地主教统治下险些独立的勃艮第城邦。部分教会财产也落入其手。9世纪，在他死后很久，他的大部分政治背景已被遗忘时，教会开始对他进行激烈批评。实际上，铁锤卡尔推行的教会政策相当精明，他灵活而巧妙地在法兰克教会的多个教派中周旋。他虽然支持威利布罗德和卜尼法斯身边盎格鲁-撒克逊出身的改革者，并在719年任命卜尼法斯为布道主教，保护他的安全；但另一方面，卡尔也不会拿自己和飞黄腾达的、在某些方面已经非常世俗化的主教们的友好关系冒险，比如被卜尼法斯谩骂成魔鬼的特里尔主教米洛。

然而，国内的成功并不能使卡尔满足，他还试图恢复中央王权对法兰克王国周边地区的统治。他成功地推翻了图林根、阿尔萨斯和阿雷曼尼亚地区的公爵政权，并征服了弗里斯兰。他利用巴伐利亚公爵的家庭内部纠纷，对巴伐利亚发起了多次进攻。725年，在其中一次征战后，卡尔把巴伐利亚公主斯瓦那希尔德带回了法兰克王国，当时他已经丧妻，便娶她为妻。736年，卡尔提拔听命于他，而且和斯瓦那希尔德是近亲的奥迪洛为巴伐利亚公爵。为了保障自己对阿雷曼尼亚和巴伐利亚的政策，他与伦巴第国王柳特普兰德（712—744年在位）保持友好关系；这位盟友后来还帮助他与阿拉伯人战斗。

711年，阿拉伯人征服西班牙的西哥特王国后，越来越频繁地跨过比利牛斯山，威胁阿基坦公国。732年，阿拉伯人终于打败了一直以来成功抵抗入侵的阿基坦公爵埃乌多，并继续向北进发。应埃乌多请求，铁锤卡尔开始抵抗入侵者，在图尔和普瓦捷之间击退了阿拉伯人。这次胜利当时被传颂为基督徒对异教徒的胜利。即使卡尔阻挡了撒拉逊人——即西方所说的穆斯林——进军的步伐，但称其为西方世界的救赎，仍然太过夸张。无论如何，三年后，卡尔把阿基坦也纳入了自己的统治之下。他增派军队，反对地方和穆斯林势力，加强了法兰克王国在勃艮第南部和普罗旺斯地区的影响力。但他迄今为止并未干涉意大利。在那里，罗马教皇经常受伦巴第人侵扰，后者企图控制整个罗马。739年至740年，罗马教皇格列高利三世向卡尔求援，并许诺把罗马的保护权奉献给卡尔，但卡尔对教皇的许诺视而不见，反而更看重自己和柳特普兰德国王的联盟关系。

毕竟，那时的罗马仍属于拜占庭的统治区；倘若卡尔干涉意大利，至少可能会激怒东罗马帝国皇帝。无论如何，教皇的提议证明，卡尔的种种成就就已经恢复了法兰克王国先前的影响力。同时，宫相在王国内的地位也如日中天。在人生的末尾，铁锤卡尔已经习惯于荣耀加身，开始像国王一样统治法兰克王国。他推举的墨洛温国王提乌德里克四世完全被他控制，甚至在后者于737年死后，也没有新的国王上台。与之前的历代宫相相反，他已经不需要任何傀儡国王来认定自己权力的合法性。即使没有国王头衔，他对内对外都是法兰克王国的最高代表。此时，卡尔还会为自己，或者至少为自己的子孙谋求王位吗？他派遣自己的第二个儿子丕平到伦巴第王国，请国王柳特普兰德认其为养子。成为国王养子的丕平，未来是否还要承担更高级的任务，我们不得而知。不管怎样，卡尔使自己的家族在法兰克王国稳坐首席，同时，带领法兰克王国成功地挺过了7世纪下半叶和8世纪上半叶的重重危机。

然而，卡尔的遗嘱导致了新的争执。他选定自己第一次婚姻中的两个儿子卡尔曼和丕平，以及同斯瓦那希尔德的儿子格里弗为继承人。王国应当由他们三人瓜分。但在741年10月卡尔逝世后，双方都提出比先前分配内容更多的要求。格里弗和他的母亲向巴伐利亚的奥迪洛寻求支持，后者在斯瓦那希尔德的帮助下，刚刚迎娶卡尔第一段婚姻中的女儿希尔特鲁德为妻。但卡尔曼和丕平反应迅速，他们在741年围困并监禁了同父异母的弟弟和继母。742年，他们再次瓜分王国。两人分别获得了纽斯特里亚和奥斯特拉西亚的一部分，这么做或许是为了消除两个小王国之间长期存在的矛盾。其他情况下，两兄弟依旧并肩作战，因为阿雷曼人、巴伐利亚人和阿基坦人已经纷纷表示反对他们的统治。局势变得危险，为了巩固自己权力的合法基础，卡尔曼和丕平于743年又推举一位名为希尔德里克三世的墨洛温王室成员为法兰克王国国王。同年，他们战胜了最危险的对手——巴伐利亚公爵奥迪洛。至745年，其他对手也都表示服从他们的统治。

在教会事务上，卡尔曼和丕平都与卜尼法斯合作，后者力图在法兰克教会与罗马教皇之间建立密切的关系。8世纪四十年代初，经教皇同意，他在自己传道的图林根和黑森地区建立了三个新主教管区：埃尔福特、维尔茨堡和布拉堡。当时，卜尼法斯和两位宫相（指卡尔曼和丕平）曾多次合作召开法兰克宗教会议，会议日程包括归还距离教堂和修道院较远的教会财产，或者以税费方式补偿教会损失。另外，应当加强主教对自己教区的控制，在神职人员等级中引入（或恢复）大主教等级，以便加强与罗马教廷的联系。在西方基督教世界，由大主教代替都主教统领教省。白羊毛披肩是大主教身份的象征，但它只能由罗马教皇赐予。通过这种方式，各个地区的教会和罗马教廷紧密地联系起来。罗马教廷任命卜尼法斯为大主教，但是与他本人意愿相反，除他之外，教皇并未设立其他大主教；卜尼法斯的继任者梅斯主教克罗德冈更倾向于将自己视为法兰克中央王权的助理，而不是教皇的代理人。卜尼法斯于754年去世后，克罗德冈和其他支持改革的势力成功地推进了他的工作。

在教会改革上，卡尔曼和丕平也亲密无间地进行合作。但卡尔曼比弟弟更为积极，因此和卜尼法斯的关系也更亲密。这方面两人的差异越来越明显：卡尔曼和丕平开始追求不同的利益。747年，两兄弟的隔阂导致了卡尔曼的退位。据丕平身边人士在不久后透露，卡尔曼出于宗教原因放弃统治权，并选定他的长子德罗戈为继承人和继位者。

卡尔曼退位后,首先作为预备教士去了罗马,不久后成了卡西诺山修道院的修士。丕平的雄心壮志日益增长,但他在自己的追随者面前反而表现得越发谦逊。748年4月2日,王后贝尔特拉达在和丕平结婚四年后,终于为他诞下一子,孩子和丕平的父亲一样,取名卡尔。面对丕平,卡尔曼的儿子德罗戈没能在共同掌权者的位置上待多久。尽管格里弗已经被丕平释放,但他坚持反对同父异母的哥哥,在军事上屈服于丕平后,仍然提出了共同掌权的要求。德罗戈和他的弟弟可能亦是如此。

法兰克王国的局势仍未能明朗。这时,丕平向教皇撒迦利亚提出了著名的试探性询问:"法兰克王国的国王,目前没有作为国王的权力,这是好还是不好呢?"当时,圣彼得的继承人恰好在急切地寻找盟友,以共同对抗伦巴第人,因此丕平如愿以偿地得到了教皇的否定答案。教皇表态后,丕平深受激励,于751年在苏瓦松自立为王。称王仪式上,首先,法兰克人对他宣誓效忠;然后,为了象征性地证明丕平王权的合法性,使其"承蒙上帝恩典",按照《旧约》习俗,丕平的额头被涂上圣膏。墨洛温家族的希尔德里克三世被迫退位,削发成修士,被关押在一处修道院中。至此,加洛林王朝正式替代墨洛温王朝,持续近一个世纪的朝代更迭过程终于完成。随着丕平称王,法兰克王国再次迎来一位名副其实的国王。

新任教皇司提反二世仍旧受到伦巴第国王艾斯图尔夫的严重侵扰。753年,丕平邀请教皇到法兰克王国,希望通过与圣彼得代表会面的机会，进一步提高自身王权的声望。司提反二世接受了邀请，于是丕平派自己的长子、当时还不足六岁的卡尔去迎接教皇。754年1月6日，丕平亲自在蓬蒂翁行宫隆重地接待教皇。艾斯图尔夫听闻后，派人将卡尔曼送回法兰克王国，以反对教皇和法兰克王国结盟。或许正是此举，诱导了前宫相丕平产生剥夺卡尔曼子嗣们王位继承权的想法。尽管若干法兰克王国的重要人物明确反对，但丕平依然不为所动。卡尔曼被监禁起来，几乎同时，他的子嗣们被彻底排除在王位继承人之外，并被强制削发为修士。早已是修士的卡尔曼不久病倒，754年8月，他最终在弟媳贝尔特拉达的照顾下于维埃纳逝世。大概在同一年，格里弗也陷入了与效忠他哥哥的边境部队的战争。他试图越过阿尔卑斯山，找到伦巴第人的庇护所。

至此，丕平只差一步，就可以从家族内部竞争中彻底解脱出来。但他仍然努力巩固自己的王位，确保自己后代的权利：754年7月末，丕平再次举行受膏仪式；这次，他请教皇尊驾亲自为他和他的儿子们——卡尔和卡尔曼（生于751年）——一起涂上圣膏。此外，司提反二世当时可能还下令法兰克人此后不得推选丕平家族之外的任何人为国王。这一点不仅针对墨洛温家族，也针对掌权的加洛林家族的所有旁系。借此机会，教皇还慷慨地为丕平的儿子们施坚信礼，以此构建教会和法兰克王国新王室的宗教精神关系。丕平还获得了教皇予以他的另一个荣誉头衔："罗马人的守护者"。

丕平的确完全有能力承担对"永恒之城"和"首席使徒彼得"的特殊责任。4月，丕平在基耶尔济召开大会。会议期间，他以书面形式向教皇承诺，将意大利中部的大部分地区献给罗马教会，这便是著名的"丕平献土"。当然，首先他必须从伦巴第人手中拿下那片地区。为此，754年夏末，丕平率军越过阿尔卑斯山。尽管因为国内反对，丕平此行只能率领少量步兵，但他仍旧战胜了艾斯图尔夫，并将其围困在伦巴第王国的都城帕维亚。伦巴第国王无奈，只得交出他前不久才从拜占庭人手中夺来的大片地区，尤其是拉韦纳城，并且承认法兰克王国的领导地位。756年，为了逼迫艾斯图尔夫遵守和平条件，丕平不得不再一次前往意大利。

丕平的伟大功勋，除了建立加洛林家族的王权、拉拢教皇外，还包括征服阿基坦公国。尽管铁锤卡尔曾经使阿基坦公爵服从法兰克王国的统治，而且通过丕平和哥哥卡尔曼的努力，法兰克王国对阿基坦的统治进一步加强，但丕平希望让阿基坦彻底臣服。自760年开始，丕平每年都发动残酷的征伐战，最终以武力迫使阿基坦屈服。768年，阿基坦公国最后一位公爵魏法尔被自己的随从谋杀。丕平是此事受益者，也有可能正是此事的策划者。此后不久，丕平就将阿基坦公国并入法兰克王国。但是，时年五十四岁的丕平无法高兴太久；同年9月24日，丕平逝世。

第三章

卡尔的青年时代和即位初期:从宫相之子到意大利的征服者

从某些视角看来，积极为同时代的某个著名人物作传，也会有它的缺点。艾因哈德的《卡尔大帝传》就是一个典型的例子。我们对卡尔的认识，长久以来都依赖这本传记。关于卡尔的人生起步阶段，艾因哈德写道："我认为，写他的出生、童年和青少年是种荒唐的行为，因为没有任何记录相关内容的书面材料，且了解相关事件的人都已谢世。"然而，在传记的另一处，艾因哈德写道：卡尔于814年1月28日逝世，享年七十二岁。那么，尽管缺少所谓的相关信息，艾因哈德是否还知晓卡尔的出生年份呢？然而他描述的日期是错误的，如今仍有消息称卡尔出生于748年4月2日。至于艾因哈德说的当时已经无人知晓卡尔的童年，同样是错误的。艾因哈德必定知道，存在着某些相关史料能够说明，早在753年年末，卡尔就曾去迎接教皇。对艾因哈德的描述，我们必须谨慎辨别，因为他在撰写《卡尔大帝传》时，极有可能藏着其他动机，而不是无条件地追求真相。比如，他毕竟还是说明了卡尔的确切死亡年龄，因为他的行文模范苏维托尼乌斯——古罗马历史编纂者——在《罗马十二帝王传》中也这么做。艾因哈德对主人公的童年和青少年时代闭口不谈，因为这会令人联想到加洛林王朝内部激烈的权力斗争，例如丕平和格里弗、卡尔曼，以及他们儿子之间的冲突；而这些显然与艾因哈德要描写的主人公及其父亲的光辉形象不符。

我们对卡尔的出生、童年和青年时代到底了解多少？卡尔出生于748年4月2日，是父亲丕平的长子。但是很长一段时间里，对于卡尔有朝一日将成为国王，统治法兰克王国，人们并未发现任何预兆。他的父亲丕平虽然当时已经是最有权势的宫相，但并不是唯一的宫相，因为他的堂兄德罗戈有权继承父亲卡尔曼，同样成为宫相。包括德罗戈的弟弟，还有丕平同父异母的弟弟格里弗，都有权要求平分统治权。然而，如前文所述，丕平成功地排除了家族中的其他竞争者，甚至排挤掉墨洛温王室的国王，成为唯一的统治者，并最终称王。这些都是卡尔成功的关键条件，虽然最初他必须和751年出生的弟弟卡尔曼平分王权。

丕平之所以将长子取名为"卡尔"，必定是联想到了孩子的祖父铁锤卡尔。丕平意在借此表示，他的儿子将跟随祖父这位伟大宫相的步伐，树立自己的威望。丕平的哥哥卡尔曼给自己的长子取名时，并没有承接祖辈的传统，所以丕平这样命名的分量就更重了。卡尔曼之所以没有承接传统，是因为他的长子德罗戈出生时，铁锤卡尔尚且健在；通常为了避讳，不能按照尚且健在的长辈名字为后辈取名。

"卡尔"在当时至少算是比较少见的男名，那么"卡尔"的意思是什么？有观点认为，"卡尔"（Karl）一词是类属词"家伙，小伙子"（Kerl）的派生词，指的是"没有遗产的自由人"，或"男人，丈夫，爱人"。这种观点恰巧为如今已被超越的另一种论点提供了依据，即"卡尔"一词直接来源于铁锤卡尔的母亲"卡尔派达"（Chalpaida）。当代人名研究的结果认为，"卡尔"是"哈里奥卢斯"（Hariolus）罗马化而来，而后者是人名简称"卡里奥"（Chario）的昵称；该人名简称常常是其他人名的组成部分，如"卡里贝尔特"（Charibert），墨洛温王室历代国王中，曾经有两人名叫"卡里贝尔特"。另外，尚有争论的一种观点认为，"卡尔"是人名"克拉罗"（Crallo）的变体；老丕平①曾有一位关系密切的朋友——科隆主教库尼贝特，库尼贝特的父亲就叫作"克拉罗"。无论如何，"卡尔"一名在7世纪末并未包含负面的意义，经过铁锤卡尔的强盛时代，即使有瑕疵，也会被剔除出去。所以，丕平再次按照这种命名传统为他的第二个儿子取名"卡尔曼"也就不足为怪了。

事实上，虽然不是如艾因哈德所说的微乎其微，关于卡尔大帝的早年，我们仍然知之甚少。他在753年末迎接教皇司提反二世时，第一次出现在公众场合；754年7月，他和父亲丕平、当时年仅三岁的弟弟卡尔曼一同被教皇施涂膏礼，加冕为王；但无论是他，还是他的弟弟卡尔曼，

---

① 老丕平即加洛林家族的两位先祖之一，梅斯主教阿努尔夫的弟弟。加洛林家族在卡尔大帝之前共有三位"丕平"：老丕平、丕平二世和卡尔大帝的父亲"矮子丕平"。

在父亲丕平去世前都没有获得国王头衔。大约恰好一年后的755年7月25日，国王丕平带两个儿子共同参加圣日曼诺斯的遗体转运仪式。该事件给卡尔留下了深刻的印象，即使成年以后，他还常常提起。

至少有以上两件事，发生在卡尔的童年。按照当时的理解，童年指从出生到七岁的阶段。通常，贵族家庭的孩子小时候由母亲照顾，但最早是由奶妈代为照顾，稍长大后则交给保育员。贵族孩子六岁开始接受"教育"：贵族男孩学习骑马、打猎和操练武器。9世纪的一位作家写道："贵族人家的儿童和青年，必须培养坚韧不屈的精神，能够经受饥饿、寒冷、烈日暴晒等艰苦条件的折磨。我们熟知的一条民间谚语说道：'假如一个人青春期时没有掌握骑马战斗的本领，那么，他成年以后就很难再学会；即使能，也必须下苦功夫。'"我们可以从卡尔堂兄弟阿达尔哈德的传记中得知，卡尔不仅接受了良好的教育，而且是被授予了"全世界所有的聪明才智"。这里的"教育"不是指学校里密集的各种课程，而更多地指在贵族圈中，尤其是在王室和国王议事厅里的端正的行为举止。青春期或者说少年时代，持续到十五岁。然后，从十四岁到二十八岁是青年时代，这和我们今天的普遍观念比较类似。

在中世纪早期，青春期接近末尾，人便成年。按照《萨利克法典》，年满十二岁即具有法律行为能力；法兰克人的另一部法律《里普利安法典》则规定为十五岁。这些数据说明，当时的世俗社会有多么"年轻"。但是，只要孩子还在父亲家生活，即使已经具备法律行为能力，也必须受父亲监护。只有从父亲家分离出去，也就是说，自立门户，孩子才能完全获得行为自由——至少在理论上。通常，结婚就是从父亲家里分离出去的机会。但是作为国王，必须在儿子结婚离家之前就考虑，如何为儿子未来继承王位作好准备。对此，丕平最迟从760年开始，让卡尔和卡尔曼先后多次参与公共事务。比如，760年6月，丕平将勒芒附近的圣加来修道院置于自己和儿子卡尔的保护之下。一年后，丕平带大儿子卡尔一道远征阿基坦；762年，还带上了小儿子卡尔曼。仍旧在762年，两兄弟对父母为普吕姆修道院所开具的一份证明明确表示赞成。他们可能通过亲自观摩，熟悉了施行王权的过程。

此后不久，丕平就允许两个儿子独立行事。763年，在沃尔姆斯的一次大会上，丕平宣布将若干伯爵封地交给他们管理。但很遗憾，并没有资料说明伯爵封地的具体位置。卡尔获得的极有可能就是勒芒地区，他负责保护的圣加来修道院就在那里。实际上，该地区处于法兰克王国势力范围的边缘地带，其中有若干贵族甚至表现出反对王室的态度——这里曾有人支持卡尔的叔叔格里弗。因此，管理勒芒地区对十五岁的卡尔来说，毫无疑问是一项艰巨的挑战。两位王子可能就是在沃尔姆斯步入成年。成人礼上，父亲通常会授予儿子一把剑，标志着学习时代结束，他们正式成为一名战士。当时，教皇保罗一世还派人为两位王子送去贺礼，遗憾的是，礼物在途中丢失了。第二年年初，教皇在一封信中如同对待共同统治王国的摄政王一般对待两位王子。

丕平在去世前不久才最终确定了王权继承的细节。768年初秋，丕平最后一次远征阿基坦结束后，率军返回圣但尼。当时丕平已五十四岁，且身染重病，他感觉到自己命不久矣。许多教会和世俗统治的高级官员围绕在奄奄一息的丕平身边，随声附和着他遗嘱里的决定。与742年他和哥哥卡尔曼继承王国时类似，丕平把王国按照地理位置分为两部分。之前王国划分的纽斯特里亚和奥斯特拉西亚被再次分割为多个小部分，最新并入王国的阿基坦公国也被分割开来。卡尔分得了三个公国的西部和北部地区；他的小王国从西南方的比利牛斯山延伸到莱茵河，呈半圆形，包围着他弟弟卡尔曼的小王国。

768年9月24日，丕平去世，和父亲铁锤卡尔一样被安葬在圣但尼修道院，那里也是被他取代的墨洛温王室最重要的墓地。两周后的10月9日是法兰克统治者的守护神圣狄奥尼修斯的节日。这一天，丕平的两个儿子正式登上王位。新王登基仪式在两个相邻的城市举行，卡尔在努瓦永，卡尔曼在苏瓦松。可能是因为丕平尚在时已经安排好了，两边的仪式都井然有序。然而短短一年后，两兄弟就对父王生前的安排置若罔闻。当时，卡尔通过抽签赢得了整个阿基坦公国；但是过后不久，两兄弟的矛盾就在阿基坦公国被点燃。另外，尽管阿尔萨斯属于卡尔曼的领地范围，但是根据私法规定，卡尔获得位于阿尔萨斯地区中间的圣迪耶修道院，这可能也是两兄弟爆发进一步摩擦的原因。鉴于王族的传统墓地圣但尼修道院位于卡尔曼的统治范围内，卡尔最终决定将圣迪耶修道院赠予圣但尼修道院，以为自己换取未来的一棺之地。卡尔或许觉得父王的分配安排让自己有些吃亏，因为他的弟弟卡尔曼直接获得了王室墓地，而且还有一座古老的王室都城苏瓦松。另外，从空间上来说，卡尔和意大利之间的联系被阻断了，同时也丧失了与罗马和教皇的联系。

阿基坦公国是问题最大的一处遗产：在那里，魏法尔的儿子胡那尔德又站出来反抗法兰克王国。卡尔迅速对叛乱作出回应，于769年春天率军挺进。他曾向弟弟卡尔曼寻求增援，但徒然无果。卡尔提出想在杜拉斯迪夫（维埃纳附近）和卡尔曼私下见面，但该要求也被拒绝了。尽管如此，卡尔仍然在战争中大获全胜。卡尔曼拒绝帮助卡尔的原因直到今天仍不得而知。是因为卡尔此前曾违抗父王命令、用非法手段夺得整个阿基坦公国吗？或者卡尔曼向卡尔列出了增援的条件，但卡尔不愿意接受？再或者，两人之间的关系在更早之前就已经很紧张，所以卡尔曼不曾考虑增援卡尔？不管怎样，在卡尔平定阿基坦后不久，两兄弟又再次（暂时）和解，连远在罗马的教皇司提反三世也对此表示欢迎。教皇希望卡尔和卡尔曼能够共同帮他抵抗伦巴第国王德西德里乌斯。但教皇的愿望也是枉然，因为两位法兰克国王之间矛盾再起，无法达成一致行动。

两兄弟的对抗还表现在另一方面：两人结婚较早，并且都为自己的长子取名"丕平"。两人都想借用父王丕平的伟大形象和累累功勋,以此向自己的追随者表示,自己和自己的下一代可以延续父王丕平的成就和传统。在这场关乎王朝延续性的竞争中,卡尔最初处于优势。他的王后希米尔特鲁德在769年至770年间诞下一子,于是,他们的儿子就是丕平的长孙。但是孩子逐渐发育畸形,导致人们后来送他外号"驼背丕平"。770年,卡尔曼的妻子吉尔贝尔嘉生下一个非常健康的儿子。卡尔曼把孩子同样命名为"丕平",这让人感觉到激烈的挑衅意味,因为卡尔曼选择这个名字就意味着要和哥哥竞争。时间将会证明,到底哪一个丕平才有能力成为国王。卡尔曼后来还有了第二个儿子,但孩子的名字和出生年份不详。这场"拼儿子比赛",归根结底是两兄弟对加洛林王朝领导权的竞争。

卡尔和卡尔曼之间的矛盾日益升级,这时他们的母亲、丕平的遗孀贝尔特拉达开始介入。为了化解两个儿子之间的冲突,她设计了一场非同寻常的活动,邀请所有宫廷贵妇参加。对当时的女性,甚至是两位王后来说,这次活动也非同一般。但贝尔特拉达更加偏袒卡尔。770年5月,为了促成和解,她和卡尔曼约定在阿尔萨斯的塞尔茨河旁会面。然而此次会面显然于事无补。然后,老王后心生一计:让卡尔迎娶伦巴第国王德西德里乌斯的一个女儿为新王后。卡尔和现任王后希米尔特鲁德的婚姻也很难妨碍这个计划。因为当时,天主教会还没有规定婚姻终生不可解除。如果计谋成功,随这场婚姻而来的政治联盟将使卡尔曼孤立无援。届时，卡尔曼的小王国将被卡尔和德西德里乌斯从北面、西面和南面包围，承受多个方向的威胁——除了东面。或许正是出于这个原因，贝尔特拉达实施计划时第一步先到东面的巴伐利亚，与巴伐利亚公爵塔西洛三世磋商。塔西洛三世是卡尔和卡尔曼的堂兄，还娶了伦巴第国王的另一个女儿柳特比尔格为妻。假如他也能加入孤立卡尔曼的政治联盟，那么，卡尔曼将被彻底封锁。

丕平过去一直保护教皇，抵抗伦巴第人，而贝尔特拉达和卡尔拉拢伦巴第人的做法破坏了丕平的意大利政策。这一点使教皇司提反三世怒不可遏。由于教皇尚未得知两位法兰克国王中谁将迎娶伦巴第公主，他同时给两位国王写信，劝告他们不要与"不忠诚的、散发着恶臭的伦巴第人"结亲："[伦巴第人]压根儿不配被称为民族，他们的族人肯定会生出患麻风病的后代。"教皇之所以说出如此粗俗的话，是由于伦巴第人当时再次向罗马施压。假如联姻成功，那么罗马将面临更大的压力；所以，教皇认为这次联姻将会破坏他与丕平及其儿子们曾经订立的盟约。卡尔曼迅速回应教皇，因为他从中看到了为自己保留或赢回盟友的机会。他派遣高级使团前往罗马，并恳请教皇给他刚刚出生的次子做教父。卡尔曼意图和教皇建立宗教亲属关系，以此同卡尔与伦巴第国王的姻亲关系对抗。

然而卡尔并不想看见卡尔曼和教皇结盟，贝尔特拉达更是如此。她在帕维亚同德西德里乌斯谈判期间，说服后者对教皇作出巨大让步。然后她又前往罗马，最终说服教皇同意卡尔与德西德里乌斯的联盟以及与此相关的联姻。教皇还放弃了成为卡尔曼次子教父的权益。司提反三世接下来写给卡尔和贝尔特拉达的信可以证明他们当时关系相当融洽。德西德里乌斯也基本上遵守了自己在帕维亚许下的各项承诺。也许贝尔特拉达在返回法兰克王国途中，再次在伦巴第人的首都短暂逗留，然后当即携同卡尔未来的王后回家。但这位王后的名字，现在已无人知晓。德西德里乌斯还希望，他的儿子阿德尔齐斯能够娶卡尔刚满十三岁的妹妹吉瑟拉为妻，但他的希望最终还是落空了。所幸，此事并未影响卡尔和德西德里乌斯的和睦关系。至此，卡尔曼只能独自对抗他的哥哥卡尔，以及东面和南面的邻居。

卡尔曼试图通过干涉罗马来恢复自己的政治主动权。他派遣一名亲信前往罗马，采用一切必要手段使教皇改旗易帜。一开始，这位亲信获得了教皇身边重要人物们的支持，这令德西德里乌斯十分不安。于是在771年斋戒期，德西德里乌斯率领一支陆军，兵临罗马，最终使卡尔曼亲信的努力化为泡影。据说卡尔曼听闻变故后，甚至决定要进攻罗马，袭击教皇司提反三世。罗马和意大利的局势已经紧张至此，法兰克王国自然也不能再无动于衷。但不管怎样，卡尔和卡尔曼都没有对外采取过任何军事行动；直至771年秋天，两人都还守在各自的国界。至于说他们已经互相针对、各自备战，虽然只能算是推测，但是艾因哈德在传记中的这一时期确实提到了"好战分子"。而作为卡尔大帝的传记作家，他笔下的"好战分子"自然聚集在卡尔曼周围。然而，真实的历史可能存在着另一种轨迹。

771年12月4日，卡尔曼在拉昂附近的萨穆西行宫英年早逝，享年仅二十岁。卡尔曼的早逝导致法兰克王国的局势发生重大变化。作为卡尔曼去世的最大受益者，卡尔在一夜之间成为法兰克王国的唯一统治者。在得知卡尔曼的死讯后，他迅速作出反应，匆忙赶往拉昂地区，在科尔贝尼一带接待原本属于他弟弟麾下的重要人物——卡尔曼死后，他们原本由桑斯大主教威尔莎尔和圣但尼修道院院长福尔拉德领导。其中，威尔莎尔在整个法兰克王国中任最高教职，而福尔拉德曾在丕平和卡尔曼统治期间负责管理宫廷教堂。尽管卡尔曼还留下两个儿子作为继承人，但这些重要人物对卡尔宣誓效忠。在卡尔接受他们的投诚后，法兰克王国再度统一。卡尔曼的遗孀吉尔贝尔嘉并不敢与卡尔争权夺利，卡尔曼在兰斯下葬后，她带着孩子和少数忠实的仆从赶往法兰克的邻国伦巴第王国；只有伦巴第国王德西德里乌斯，即卡尔的岳父能够保护他们母子。选择争斗毫无胜算，因为摆在别人面前的选择是：一位二十三岁功勋卓越的国王，或一个小孩子，而王国里的重要人物必然会选择更有经验的一方。成年叔伯夺取年幼侄子权力的事件，在法兰克王国的历史上也已不在少数。

卡尔曼去世后，之前的联盟关系也迅速反转：德西德里乌斯收留了吉尔贝尔嘉和她的孩子们。尽管他以前是卡尔曼的敌人，但同时他也对法兰克王国分裂对峙的状态喜闻乐见，因为相比权力集中在唯一统治者手中，权力分散的局面对他有利得多。而且德西德里乌斯不仅是卡尔和塔西洛三世的岳父,还控制了罗马,并因此间接控制了教皇,所以作为当时西欧最有权势的国王,也只有他能够帮助卡尔曼的遗孀和儿子赢回权力。而伦巴第宫廷庇护吉尔贝尔嘉和她孩子的做法,在卡尔看来就意味着开战,于是他将娶回来仅仅一年左右的妻子,也就是德西德里乌斯的女儿赶出家门。这几乎等同于向伦巴第国王宣战。

尽管发生了以上严重挑衅的事件,对立双方在772年出人意料地并未采取任何行动。首先,双方考虑更多的是稳固自身的地位。772年2月,罗马选出新任教皇阿德里安。德西德里乌斯尝试说服新教皇,像前任教皇一样,继续推行对伦巴第人有利的政策,并且要求教皇将卡尔曼的两个儿子加冕为法兰克王国国王。若能如此,他就能帮助两个小鬼树立前所未有的威望,使他们成为卡尔不能忽略的对手。此外,教皇与统一的法兰克王国结成反伦巴第人联盟的日子已然不远,通过让教皇为两个孩子加冕,德西德里乌斯或许还可以阻止他们结盟。德西德里乌斯的女儿被逐出法兰克王国时,从王国内各方反应来看,德西德里乌斯的政治行动也并不是毫无胜算。而另一方面,卡尔正在寻觅新的王后。在政治上,新王后的家族必须权势显赫,这样新的联姻才能替代卡尔上一段与德西德里乌斯女儿的婚姻。最终,卡尔找到了他的第三任王后希尔德嘉德,她的母亲出身于古老的阿雷曼公爵世家,同时,她也是巴伐利亚公爵塔西洛三世的表妹。塔西洛三世也是德西德里乌斯的女婿，所以他很可能也对卡尔驱逐前任王后的行为非常不满。通过在他们之间再建立另一层亲戚关系，卡尔便可以使强大的巴伐利亚公爵在即将来临的斗争中至少保持中立。

同年，卡尔开始出兵征讨萨克森人。乍看之下，这似乎和之前发生的事件没有关联。卡尔在征讨萨克森人时，还摧毁了萨克森人的一种宗教圣物——圣树。或许有人会以为，卡尔此举是在挥霍自己的力量，在最终解决他和德西德里乌斯复杂的纠葛前，又徒增了一条新战线。但是，卡尔也从第一次征讨萨克森的战斗中获取了巨大的利益。首先，在征伐阿基坦人成功以后，卡尔征讨萨克森的行动为国内贵族们提供了再次获取军功的机会，而战争胜利又加强了卡尔作为国王的地位。另外，卡尔在圣树周围俘获了大量搜集来的祭品，尤其是金和银。他下令将它们运往法兰克王国。这样他不仅收缴了丰富的战利品，而且大大扩充了王室金库；而王室金库是王族统治王国的重要工具，他可以用其犒赏忠诚的部下，报答他们在与卡尔曼斗争期间的追随和支持。由于原卡尔曼统治地区的贵族们已经自愿归顺卡尔，卡尔不能从他们手里掠夺财富。但卡尔忠诚的部下仍在等待他的犒赏。为了还清欠下的"人情"，卡尔确实能好好利用萨克森人的宝藏。

事实上，卡尔当时应该非常希望尽可能地收揽更多贵族。在此阶段，卡尔特别需要部下为自己效忠，因为他与伦巴第人翻脸后受到的批评日益增多。甚至他母亲贝尔特拉达也不赞成他的决定，之前就是她亲自为卡尔和德西德里乌斯订立的盟约。还有卡尔的堂弟阿达尔哈德，因为对卡尔的政策遽变感到激愤难平，选择退出王室，住进了科尔比修道院。另外，吉尔贝尔嘉和她的儿子们出逃时，有原卡尔曼部下的一些重要人物相陪，这也是不可忽略的事实。虽然根据卡尔的宫廷传记作家艾因哈德记载，仆从人数很少，但他们还是能够成为强有力的反对派。战胜萨克森人不仅加强了卡尔的王者威望，而且凭借从萨克森获得的战利品，卡尔有充足的财力应对潜在的威胁，并保证自己的追随者在未来一如既往地忠诚于他。

773年初，卡尔收到教皇的求助信。此前，阿德里安已剥夺罗马内部支持伦巴第人一方的权力，并拒绝为卡尔曼的儿子们加冕称王。但他也付出了代价，德西德里乌斯越来越强硬地逼迫他，甚至时不时出兵占领罗马的辖区。据说，为了阻止这位伦巴第国王对罗马发起进攻，教皇甚至用逐出教会的惩罚来威胁他。德西德里乌斯可能以为自己的权力地位牢不可破，虽然卡尔多次提出谈判要求，但都予以了拒绝。卡尔的妥协或许证明他也和父亲丕平一样，不能对法兰克王国中支持伦巴第人一方的意见视而不见，他们可能只有在德西德里乌斯并无任何表示妥协的意愿后，才会支持采取军事行动。

直到773年夏末，卡尔才率军越过阿尔卑斯山。他在日内瓦集结步兵，然后把军队分为两个分队。他本人亲率一个分队越过塞尼山，向意大利进发；他的叔叔伯恩哈德则率领另外一个，越过大圣伯纳山口。德西德里乌斯与他们在伦巴第王国的横谷中碰面，那里离国界线附近苏萨地区的坚固堡垒不远。卡尔再次尝试和他谈判，但德西德里乌斯直接打断，拒绝了卡尔。于是法兰克军队开始进攻，试着围困伦巴第人，德西德里乌斯被迫撤退。最终，卡尔率军围困了伦巴第首都帕维亚，但帕维亚城墙坚固，德西德里乌斯守城不出。德西德里乌斯的儿子阿德尔齐斯和卡尔曼的家人们都藏在维罗纳，他们正在命人加固城墙。卡尔得知消息后，命令自己的主力大军按兵不动，自己则率领一支小部队向维罗纳进发。虽然那时的人称维罗纳的城墙是全伦巴第王国最坚固的，但据说吉尔贝尔嘉和她的人还是自愿向卡尔投降了。鉴于双方似乎并未开战，且事后伦巴第人仍然控制着维罗纳，很有可能是阿德尔齐斯为了使卡尔退兵，选择献出卡尔曼的家人。至于卡尔如何处置自己的弟媳和侄子们，史料中并未记载。

虽然法兰克人不久便征服了意大利北部的其他城市，但战事的决定权都在帕维亚。所以卡尔又从维罗纳折回。当年卡尔的父亲丕平曾指挥法兰克军队，凭借其高超的攻城技巧征服了阿基坦公国。但是，即便是同样的法兰克军队，想要攻下如帕维亚这般坚固的城池，仍然几乎是痴心妄想。9月份，法兰克军队就包围了帕维亚，但围困可能持续了整个秋天和冬天。无论对守城方还是攻城方来说，这都是一种折磨。围城局面持续半年后，在774年复活节期间，卡尔率领大部分军队前往罗马。在那里，教皇阿德里安以迎接拉韦纳总督——以前东罗马帝国皇帝任命的行省最高行政长官——的礼节接待卡尔,以这种特殊的方式强调卡尔"罗马人的守护者"的职责。他们在耶稣使徒们的墓地旁边隆重庆祝复活节。或许正是这场盛典赐予了法兰克战士们新的勇气,激励了他们的斗志。

然而,卡尔的初次罗马之行还带有政治目的。754年,当时的教皇和法兰克国王曾订立盟约,此次,卡尔正是为了重申"丕平献土"。他答应为教皇在意大利中部地区的领地提供保障。至于卡尔是否已经预料到,自己的教皇盟友不久将受到伦巴第人的威胁,或者说卡尔当时是否出于自身利益,已经下定决心要消灭伦巴第王国,我们不得而知。或许德西德里乌斯在帕维亚组织的旷日持久的抵抗已经让卡尔发现,只能通过军事方式一次性解决意大利的各种问题。无论如何,卡尔在4月再度返回帕维亚,增加了军队的围困力度。最终这座城市被饥饿和传染病攻破。6月初,在包围长达九个月后,德西德里乌斯投降。卡尔接受了投降,将他流放到法兰克王国的一处修道院中;但他的儿子阿德尔齐斯顺利逃到了拜占庭帝国。

此时,卡尔为自己开辟了一个开战之前从未设想过的可能性:他拥有伦巴第王室的金库,并且不需要任何选举形式即可成为伦巴第国王。最迟自774年6月5日起,卡尔开始对外宣称自己是"法兰克人和伦巴第人的国王"。至此,卡尔消灭了欧洲大陆上最后一个较大的、非法兰克的独立王国。意大利北部和中部地区实际上也已经被法兰克王国控制，而意大利半岛的南部地区则是伦巴第贝内文托亲王的独立领地。在意大利的其他地区，仍有若干叛乱需要平息。大量伦巴第贵族流亡到阿尔卑斯山以北。因此，许多法兰克、阿雷曼尼亚和勃艮第，以及之后的巴伐利亚的官员来到伦巴第王国，在新统治者卡尔的任命下，管理古老的伦巴第王国。

为何伦巴第王国崩溃得如此迅速，相比之下，卡尔轻易就获得了胜利，而且成为意大利北部和中部之主？法兰克人优越的军事实力自然是一项重要因素，加之卡尔能力卓越，既能迅速取得战术上的成功，又能坚持旷日持久的军事行动。但另一方面，伦巴第王国明显要比外表虚弱很多。随着时间推移，贵族内部失去了团结；至少从774年国王柳特普兰德死后，许多伦巴第公爵开始各自为政，或公开、或私下地反对中央王权。艾斯图尔夫或德西德里乌斯在针对拜占庭人、针对罗马和教皇的斗争中所取得的胜利，仅仅掩盖了王国的内部弱点。因此，在法兰克人挥军意大利之前，就已经有若干伦巴第贵族投奔卡尔。德西德里乌斯在横谷阻击法兰克人的行动失败后，大量贵族转而投奔教皇。因此，教皇阿德里安才能够将自己的公爵人选安插在斯波莱托等地区。所以，伦巴第王国迅速败亡的原因，既在于卡尔作为政治家兼统帅具备的无可争议的卓越能力，也在于其自身的内部疲软。

征服伦巴第后，卡尔圆满结束了他的"学习时代"。他从最初的王子，到相对来说不自信的、需要母亲"用皮绳牵着走路的"年轻国王,再成长为征服阿基坦人、萨克森人和伦巴第人,而后征服意大利的强大国王。他坚决果敢、不断进取的性格,成了他在与外部敌人斗争时的决定性优势。即使在得知弟弟的死讯后,他也没有丝毫犹豫。与伦巴第人的斗争中,他展现出一种对统治者来说可能更加重要的性格特点——毅力。正是毅力帮助他,在长达九个月的围城之战中取得胜利。

第四章

法兰克王国东扩:
萨克森、巴伐利亚和阿瓦尔

772年，卡尔从莱茵河中游出发，第一次挥军向萨克森挺进。虽然艾因哈德认为，卡尔此次远征主要是为了惩罚萨克森人对法兰克王国的持续入侵，但正如上文所述，国内政策以及为将来在意大利作战作准备，也是征讨萨克森的重要原因。卡尔率军挺进威悉河上游地区，并命令败部交出十二名族人作为人质。卡尔战胜了整个萨克森民族，还是仅仅是萨克森族的一部分？这个问题几乎无法回答，因为萨克森人有种特殊性：他们没有唯一的国王。他们通常分散为大量的部族和群体，每个部族和群体都有自己的首领。同时代的法兰克人或英国人并未将这些首领称为"王"，但事实上，他们完全可以被如此称呼。当然，他们无法与法兰克国王或盎格鲁-撒克逊的统治者相提并论，但他们同样是各自部族的最高代表，甚至可以接受族人的顶礼膜拜。萨克森各部族之间统一的纽带是每年在威悉河畔马尔克罗举办的部族大会，各个部族的"王"及其随从都会参加。萨克森各部族还有一种统一的机构——最高指挥部，在战争期间，最高指挥部由其中一个部族的首领接管。但是偏偏和卡尔长久作战期间，萨克森人似乎并没有军事领导。在抵抗法兰克人的战斗中，这种不统一成了他们巨大的优势。

773年和774年，卡尔在意大利征伐伦巴第王国。萨克森人趁此机会，对法兰克人772年征伐萨克森实施报复，在黑森北部袭击了许多基督教教堂，其中包括弗里茨拉尔修道院和主教临时所在的布拉堡教堂。774年秋，卡尔从意大利班师回朝后，派出四个步兵分队与萨克森人作战。775年1月，卡尔在基耶尔济召开王国大会，决定执行新的征伐策略——法兰克宫廷在卡尔逝世后编写的年代记如是记载："让战争降临在不信上帝的、不守信义的萨克森部族头上，在他们被打倒、改信基督教，或彻底灭绝之前绝不停止。"这则纲领描述的可能并不是当时的实际局势，更多的是法兰克人面临的总体情况：卡尔作为统治者，最崇高的职责便是保护基督教；萨克森人在772年以及后来多次摧毁基督教堂，这挑战了卡尔的权威。这种情况下，即使是边境的一次小小摩擦，都有可能发展成一场关乎信仰的战争。萨克森人仍然信奉他们古老的信仰，向"萨克斯诺特"[①]和"沃丹"[②]忏悔。在他们的信仰中，"圣树"——某种树干形状的神庙——似乎占有重要的地位；后来某位历史

---

① 萨克森族的三位主神之一，代表战神和剑神。
② 萨克斯诺特的父亲，萨克森族的三位主神之一。

记录者曾写道：萨克森人认为，圣树支撑着宇宙万物。

极有可能，正是772年萨克森人的圣树被毁，才导致一大批萨克森人入侵法兰克王国，报复性地摧毁了大量基督教堂。对此，卡尔又执意要向萨克森人复仇，于是暴力活动不断升级。然而，当时已经被累累功勋惯坏了的卡尔明白自己在做什么吗？他征讨萨克森的新策略针对的是所有萨克森部族，还是仅仅那些起初归降，随后又把战争带进法兰克王国的萨克森人？这两类群体是一样的吗？会不会只是某个萨克森部族为圣树复仇，而没有考虑到其他萨克森部族已经屈服于法兰克人？由于萨克森人分散成众多部族，这些问题很难回答。卡尔和法兰克人似乎并没有兴趣对萨克森各个部族区别对待，也并未询问萨克森人的内部情况，而是直截了当地选定与法兰克王国接壤的萨克森南部地区作为军事行动的目标。另一方面，强大的法兰克王国与萨克森许多族的领地直接接壤，长久以来，王国也必定视萨克森部族为严重的威胁。萨克森各部族在防御法兰克人的战斗中，彼此合作更加紧密，因而，法兰克大军在推进过程中，最初发现了三个主要的大规模萨克森族群：西部的威斯特法伦人、威悉河流域的恩格人和东部的奥斯特法伦人。

775年春天，在结束基耶尔济王国大会后，卡尔率军从下莱茵出发，越过埃雷斯堡抵达威悉河岸边。武力夺取过河通道后，卡尔率军挺进到奥克河一带。这时，一个名叫黑悉的人带领奥斯特法伦人出现在卡尔面前，他们献出人质，并对卡尔宣誓效忠。大军返回途中，卡尔征服了以布伦为首的恩格人。在此期间，威斯特法伦人在维杜金德的带领下，对留守威悉河渡桥的法兰克步兵分队发动攻击，并战胜了他们。卡尔在吕贝克再次取得胜利，以此回应威斯特法伦人的攻击。这次胜利也促使威斯特法伦人表示臣服并献出人质。许多证据表明，卡尔当时沿利珀河吞并了自莱茵河到埃雷斯堡的沿线地区。此次远征，法兰克人赢得了赫尔路①的控制权；该道路是通往黑森和图林根地区的重要途径，使人们不必再绕路穿越低矮的山区，节约了许多时间。总之，此次远征是一次辉煌的胜利，但卡尔的方式太过残忍，英国诺森伯兰地区有人说，"他放火，挥剑，愤怒地咆哮，甚至到了让人怀疑他有精神病的地步"。而在所有的史料中，都没有记载法兰克人的传教活动。换句话说：按照在基耶尔济制定的计划，法兰克人应该采取一切手段使萨克森人臣服；而基督教化——假如还有的话——在此次行动中，从来就处于次要地位。

776年，卡尔不得不再次赶往意大利，去征服背信弃义的伦巴第反对派。萨克森人趁机作乱，袭击萨克森南部地区的法兰克征服者。但卡尔成功地在一年内——前往意大利的同一年——平定了伦巴第人的叛乱，又越过阿尔卑斯山，挥军进入萨克森。他如此神速，威慑住了所有人，没人再敢反抗。在帕德博恩附近的利珀河源头出现了"来

① 原义为"光明之路"，中世纪商贸运输的重要通道。

自所有地区"的萨克森人，他们宣誓承诺，既成为基督徒，也承认卡尔和法兰克人的统治地位。为证明此次臣服长久有效，他们愿意拿自己的祖国担保。正是法兰克宫廷年代记中的以上记载，泄露了法兰克人的意图：如果萨克森人遵守誓言，那么他们必须受法兰克人统治；如果萨克森人不遵守诺言，那么法兰克人就有充分的理由打击萨克森地区，并且像对待叛徒一般处置萨克森人。

另外，史料中还记载，法兰克人在萨克森地区建立了一处据点，取名为"卡尔堡"。关于通常被与帕德博恩相提并论的卡尔堡的意义，有许多猜测，但无论如何，值得注意的是，该据点的名称是用卡尔自己的名字，采用类似"君士坦丁堡"（字面上来说，即君士坦丁的城市）的命名方式得来的；由此可以看出，卡尔在模仿第一位基督教皇帝的传统。次年，卡尔在帕德博恩召开了一次盛大的王国大会。这是一个新事件，因为通常法兰克王国大会都在法兰克王国的土地上举行。此举明显表明，卡尔认为萨克森人已经彻底臣服于法兰克王国。最终，大量萨克森人接受基督教洗礼，基督教堂落成以后，传教工作在萨克森地区有计划地展开。此时此刻，卡尔意气风发，欣然答应萨拉戈萨穆斯林总督的请求，帮助他抵抗来自科尔多瓦的埃米尔。

第二年，卡尔果真出现在西班牙，但那里的局势已经发生巨变。他率军抵达萨拉戈萨，盟友却拒绝为他打开城门。无法攻下萨拉戈萨城的卡尔只好选择回朝。途中，他命人抹平了潘普洛纳城的军事堡垒，使信奉基督教的巴斯克人极为恼怒；于是，巴斯克人在比利牛斯山攻击并消灭了法兰克人的后卫军。这场冲突主要是因为12世纪写成的《罗兰之歌》才被世人熟知；据歌词记载，在这场战斗的牺牲者中，有一位来自布列塔尼领地的军事指挥，名叫"霍兰"或"罗兰"，他在战斗中承担了特殊的角色。然而，同时代的史家却认为像这样美化罗兰毫无理由。更确切地说，支持法兰克王国的史家对这场变故完全保持沉默，直到卡尔的儿子"虔诚者路易"执政后，年代记中才出现了有关记载。此次失败对法兰克国王卡尔来说令人难堪，但更重要的是，此次失败恰恰发生在征伐异教徒阿拉伯人的行动中。卡尔作为信奉基督教的统治者，最崇高的使命莫过于捍卫信仰，传播基督教。所以，罗兰之死显得卡尔不甚称职。

祸不单行，萨克森人再次利用卡尔不在法兰克王国的机会，在威斯特法伦贵族维杜金德的带领下发起叛乱；维杜金德一年前曾逃亡到丹麦国王处避难。这一次，萨克森人摧毁了卡尔怀着雄心壮志建立的卡尔堡，甚至从多依茨附近进军到莱茵河岸边。他们在那里猎取战利品，并摧毁了许多教堂。以德国中世纪史学家鲁道夫·席费尔的话来说："加洛林王朝的权力在历经几十年看来势不可挡的上升期后，突然间就看到了极限。"778年的确是卡尔统治王国以来的第一个危机之年。有趣的是，卡尔恰恰在此时借用了墨洛温家族这个古老的、被他父亲丕平颠覆的法兰克王族的力量。卡尔不在王国期间，他的第三任王后希尔德嘉德为他生下了一对双胞胎儿子；加上同出于她的两个儿子卡尔和卡尔曼，还有驼背丕平，卡尔子嗣充足，应当可以保证新的加洛林王朝的长久延续。卡尔为新生的两个儿子取名路易和洛特。卡尔取名时，参照了两位著名墨洛温国王的名字：克洛维一世，他曾将法兰克王国向南拓展到阿基坦公国；克洛塔尔一世，他曾战胜萨克森人。换句话说，卡尔意图召唤法兰克王国在墨洛温王朝时期最辉煌的阶段，以再次稳固法兰克人可能已然动摇的忠诚之心，度过王国当前的危机。但不久后，洛特夭折，当时的世人或许已经将此看作对萨克森战争的某种凶兆。

当然，卡尔也采取军事手段应对艰难的处境。他在欧塞尔得知萨克森人的胜利后，迅速派军队前往莱茵河。萨克森人撤退时途经兰河地区①，但在埃德尔河畔的莱萨被法兰克军队阻截，继而被打败。萨克森人撤退的路线表明，他们或许已经劫掠了莱茵河右岸直到科布伦茨的所有地区。当时，富尔达修道院的修士为了保护圣卜尼法斯的遗体，甚至不得不将其运过伦山，藏在安全的地点。历史学家汉斯-迪特里希·卡尔认为，正是萨克森人的此次骚乱，使得历史上的萨克森战争变得极为残酷：虽然至少一部分萨克森人数年前已经改信基督教，并对法兰克国王宣誓效忠，但此次骚乱中，萨克森人径直侵入法兰克人的土地，使得法兰克人有充足的理由采取更为残酷的行动。

---

① 旧时法兰克王国的领土，位于兰河中下游，包括现德国黑森州和莱茵兰-普法尔茨州部分地区。

779年，卡尔在迪伦召开陆军大会，随后在利珀哈姆（疑为利珀河河口）横渡莱茵河。在博霍尔特，双方正面作战，最终卡尔取得了胜利；至此，深入萨克森地区的道路再无阻碍。据法兰克王国的年代记作家记载，"所有威斯特法伦人都沦为阶下囚"，此处可能是指他们无条件臣服于法兰克王国。卡尔继续率军挺进到威悉河岸边，他之前曾在那接受恩格人和奥斯特法伦人的宣誓效忠，这一次，他们还必须献出人质。至此，法兰克人再次认为，他们已经完全战胜萨克森人；次年，法兰克人尝试根据自己的设想，既在宗教信仰上，也在世俗统治上，整理、分配这片土地。当时的一位史家写道：此时，萨克森人已然臣服；然后，卡尔将这片土地分配给众多主教、神父和修道院院长，以便他们在当地举行洗礼，讲经传道；另外，卡尔还俘虏了一些自由农民和半自由农民作为人质。正是这条言简意赅的描述，说明了萨克森人能够顽强抵抗的重要原因：萨克森人中，不仅贵族成员参加战斗，而且还有占多数的自由和半自由农民阶层作为战斗主力。贵族成员由于与法兰克人具有亲属关系或其他利益关系，所以更倾向于向法兰克王国妥协；但广大民众则不同。直到民众阶层也表现得较为顺从后，卡尔才心满意足。781年，他本人没有再前往萨克森地区。

782年，卡尔在利珀河源头举行大会，与会者包括所有萨克森人，甚至还包括丹麦国王西吉弗利特的使者。唯独维杜金德不在其中。卡尔迎合萨克森人领导层的愿望，任命萨克森贵族为公爵，换取他们对法兰克王国的忠诚。随后，卡尔便返回了法兰克王国。但他紧接着得知，一群斯拉夫人侵入了图林根和萨克森地区。卡尔原本计划派出一支由法兰克人和萨克森人共同组成的军队来抵抗入侵者。这和任命萨克森人担任公爵的举动一样明确表明，卡尔此时已经将萨克森视为法兰克王国不可分割的组成部分。但大部分萨克森人仍旧在维杜金德的带领下再次叛乱。卡尔派出的军队与萨克森反叛者在孙特尔山脉北面进行战斗。法兰克军队由于不久前才被派来与斯拉夫人战斗，行军匆忙，军队指挥层不统一，在战斗中大败，几乎全军覆没。几位公爵，甚至军队财务出纳员和元帅都在战斗中丧生。仅因为一场战役，截至此时卡尔在萨克森取得的所有成就都毁于一旦。

卡尔意识到局势的严峻性，随即亲率人马，赶到威悉河一带。萨克森人在阿勒尔河河口召开大会，最终选择臣服，并交出了所有叛乱分子，其中四千五百人被处决。但维杜金德又一次潜逃丹麦。后世许多人都讨论到这起血腥的屠杀。虽然四千五百人的数据可能是法兰克王国年代记史家过度夸张的杜撰，但它的确反映出当时战争的残酷。782年，部分萨克森人被流放。这在萨克森战争中尚属首次，倒也与年代记中记载的对萨克森人冷酷残忍的处置方式相一致。这也反映出，卡尔对萨克森人再次发动叛乱一事何其震惊。之前他还以为萨克森地区已经并入自己的法兰克王国，而此时，他不得不亲自从根源上平定萨克森人这场最严重的叛乱。

于是,卡尔颁布了受人诟病的《萨克森异教区法规》:拒绝受洗、摧毁基督教堂、谋害基督徒、背弃对法兰克国王的效忠誓言、违反第十诫和斋戒令者,均应判处死刑。虽然其中某些规定乍看之下并不是太冷酷无情,但它实际上就是一部残忍的"占领法"。比如,其中规定对违反基督教丧葬礼俗,实行火葬者判处死刑。而根据考古学研究,8世纪下半叶萨克森人其实已经很少实行火葬。萨克森贵族常采用的土坟埋葬方式则不会导致被判死刑,卡尔仅下令,贵族必须埋葬在教堂庭院中,但并未用惩罚手段威慑。无论如何,萨克森贵族不得不放弃以前在非基督教社会中重要的、显著的社会地位象征。吃人或以活人献祭者,判处死刑;谋杀和抢掠教会财物者也判处死刑。一些萨克森宗教习俗,如在户外敬拜圣地、为了敬神大摆筵席等,则完全不会招致死刑。在量刑过程中也应当考虑到,萨克森人先祖流传下来的法律本身就极为严格,其中包括大量采用体罚和死刑的规定。

从最终效果来说,《萨克森异教区法规》对长远的基督教化反而会有阻碍作用,因为卡尔将基督教作为镇压当地人民的政治手段。他并没有将基督教会视为盟友,而是视为统治工具。比如,规定某个教区的居民应当自己贡献物资装饰礼拜堂。类似的思维方式与战利品或收缴战利品的权利更加一致,而不是传教。或者,如历史学家舒伯特所说:"首先是教会税,然后才是教会。"萨克森地区两年前才刚刚划分教区，基督教相关的教职人员在此如何开展实际工作？神父的职业并不令人羡慕；开展工作之前，他们必须先说服教区的信徒们贡献物资装饰礼拜堂，遵守第十诫，男仆和女仆也要到教堂服务。至少在8世纪末，教会人员有时仍然会猛烈抨击地方神父的传教工作。但《萨克森异教区法规》与教会精神毕竟还是有共同点的——在上述应当被判处死刑的情况下，教会可以作为唯一的合法避难所："若违规者自愿逃往神父处，为自己偷偷犯下的恶行忏悔，并支付罚金，则可凭教职人员的证词，豁免违规者的死刑。"然而，教职人员在豁免死刑程序中的特殊地位是否使基督教在萨克森人中更受欢迎，至少是值得怀疑的，因为装饰和维护教区教堂的费用对教区居民来说，也是一项巨额负担。

卡尔取得的胜利和制定的措施，目前仍无法彻底平定萨克森人的叛乱。783年，他不得不再次率军大举进攻萨克森。他起初只带领少量法兰克人赶赴代特莫尔德，在那里的开阔地带战胜了萨克森人。这是此次战争中比较罕见的平原战役之一。显然，此次胜利来之不易，因为这场战役之后，卡尔并没有继续挥师前进，而是退回到坚固的帕德博恩城，在那里召集其他军队。后援军队到达后，卡尔才真正开始进攻。他向北一路狂飙，推进到哈瑟河岸边，又一次战胜了萨克森人。然后，卡尔调头向东，横渡威悉河，抵达易北河。此次远征在那里结束后，卡尔率军回到莱茵河边相对安全的法兰克地区。从圣诞节到复活节这段时间，他都在埃斯塔勒的行宫中度过。

萨克森人又一次趁卡尔不在，联合部分弗里斯兰人发起叛乱。卡尔不得不渡过莱茵河，再一次在萨克森燃起战火。由于威悉河发洪水，他的军队只好在明登附近的彼得斯哈根停下前进的步伐。卡尔决定取道图林根向奥斯特法伦进军，同时将威斯特法伦交由和他同名的儿子来镇压。卡尔又一次抵达易北河边，在那里同若干奥斯特法伦部族签订了条约，随即返回法兰克，朝沃尔姆斯进发。在此期间，他的儿子卡尔打败威斯特法伦人后同样赶往沃尔姆斯。在那里召开的法兰克王国大会上，卡尔决定留在萨克森过冬。卡尔的存在可能不仅震慑了当地的反叛者，还增强了追随者的底气，故而免去了他第二年再率军跋涉而来的麻烦。但另一方面，卡尔留在萨克森过冬，也冒着巨大的个人风险。或许正是为了减少风险，他整个冬天都待在坐落于吕德的坚固的斯基德罗堡附近。他还命人将自己的第四任王后法斯特拉达和孩子们接过来，在埃雷斯堡共同庆祝复活节。尽管冬季天气糟糕，卡尔仍然经常将自己屯驻在埃雷斯堡周围的军队派遣出去，对抗萨克森人。春天时，卡尔在附近的帕德博恩召开王国大会。他的第三个儿子——当时年仅七岁的路易也参加了大会，身后还跟着一支阿基坦军团。可以看出，卡尔在为决战集合整个王国的力量。

后来，法兰克王国年代记史家以几乎挖苦的语气写道：卡尔率领他所有的军队，横穿萨克森地区，直抵易北河边，因为道路通畅，大军未遇到任何抵抗。卡尔挫败了萨克森人的所有叛乱，只有维杜金德及其女婿阿比奥逃过了法兰克人的追捕，在易北河以北地区负隅顽抗。此时，卡尔向维杜金德提出谈判，并提议两人私下会面。鉴于法兰克军队的绝对优势，维杜金德和阿比奥表示愿意妥协，并接受了卡尔的提议，到法兰克王国私下会面。但为了自保，他们要求法兰克方面提供人质。卡尔满足他们的条件后，维杜金德和阿比奥终于听从卡尔的建议，渡过了莱茵河。785年圣诞节，他们在阿蒂尼接受基督教洗礼，卡尔正是他们的教父，并给维杜金德送来厚礼。此事体现了卡尔敏锐的政治嗅觉，他没有对维杜金德穷追猛打，而是为他提供了一场光荣的归降。如此一来，维杜金德可以回到自己的领地，甚至可以像他的一些萨克森贵族同胞一样，在法兰克王国获得更高的官职。另外，他还为基督教信仰作出了自己的贡献，比如建立恩格尔教堂，他死后也安葬在那。这一切成全了维杜金德的传说；随后几个世纪，人们一边讲述着他抵抗（信奉基督教的）法兰克人的故事，一边又将他敬奉为基督教圣人。

维杜金德受洗是法兰克人取得胜利的重大标志。790年左右，法兰克王国年代记史家迫不及待地写道："至此，萨克森人全部臣服。"卡尔也赞同这种说法，因为他请求教皇阿德里安，让整个基督教世界为萨克森归顺祷谢神恩。完全可以想象，在历经十三年的血腥战斗，终于迎来此次胜利时，人们该有多么兴高采烈。还应该感谢卡尔，他投入了巨大的精力，将此次旷日持久的战争最终推向（暂时的）胜利。

暂时平定东北部以后，卡尔又把目光转向了王国的东南部。面对巴伐利亚公爵塔西洛三世，卡尔的表现并不像对待萨克森领导人维杜金德时那般宽容。塔西洛三世是卡尔的表兄，他不仅仅是巴伐利亚公爵，而且如国王一般统治巴伐利亚：他控制巴伐利亚的基督教会，举办宗教会议；建立修道院，并赐予修道院大量田产。他还努力传播基督教信仰，尤其在与巴伐利亚相邻的卡兰塔尼亚地区——此举实际上已经是在履行宗主的职责。更重要的是，塔西洛三世推行独立的外交政策，并与相邻的各个强国保持良好的外交关系。他的王后柳特比尔格是伦巴第国王德西德里乌斯的女儿，而贝内文托亲王亚里齐斯是他的姐夫。他的表妹希尔德嘉德于771年嫁给卡尔，因此也保证了他与法兰克王国的良好关系。772年，塔西洛三世甚至请教皇亲自为他的儿子、未来的巴伐利亚公爵继承人狄奥多洗礼。此举表明，他的权力地位已经得到西方世界最高道德权威的认可——当然须经得卡尔同意。

希尔德嘉德于783年去世后，塔西洛三世与卡尔之间的关系迅速恶化。784年，两人在阿尔卑斯山地带爆发第一次武力冲突。787年，卡尔率领步兵进攻巴伐利亚。塔西洛三世在莱希菲尔德战役中战败，向卡尔宣誓效忠，并将自己的公国变为国王的封地。作为保证，他向卡尔献出十二名贵族作为人质，还将自己的儿子狄奥多作为第十三名。

一年后，塔西洛三世出现在英格尔海姆，这就是著名的、后世经常讨论的对他的公开审判。在他会见卡尔期间，卡尔命人控制他的家人，并将他的金库据为己有，不动一兵一卒便将他隔离拘留。

针对他的公开审判开始了。忠于法兰克国王的巴伐利亚人出面控诉他违背了对国王宣誓效忠的誓言：他与巴伐利亚东面的异教徒阿瓦尔人有联系。塔西洛三世的另一条所谓罪行是：有人宣称，他在763年，即二十五年前，在不平率军征伐阿基坦公国期间，未经允许擅自离开法兰克军队，犯下了逃兵罪。由于他和卡尔在审判期间关系又稍稍回暖，这一早已失效的指控严格来说并不能作为判决的依据。至于针对他的其他控诉是否完全属实或部分属实，同样无法确定。可以确定的是，直到787年，塔西洛三世仍表现得如国王一般统治着巴伐利亚，因而他可能觉得自己有资格更进一步与阿瓦尔人保持联系，不遵守被胁迫时订立的誓约。否则他也就不会离开自己的家乡，来到英格尔海姆。根据塔西洛三世的主观情感，以及我们了解到的公开审判的客观条件，他极有可能是无辜的。然而，他最终还是被判终身监禁，在修道院度过余生，巴伐利亚则落入卡尔手中。随后，卡尔立即启程前往雷根斯堡，将自己的大本营也迁移到那里。统治多年后，他终于使巴伐利亚臣服。

兼并巴伐利亚后，法兰克王国面临着一位新的、外表强大的邻居：阿瓦尔人。他们原本发源于亚洲中心地带，6

世纪时，还在匈牙利盆地建立了一个强大的王国。自那时以来，阿瓦尔人的骑兵经常在其西方和南方邻国制造骚乱，四处劫掠，并强迫邻国缴纳贡品。他们甚至多次攻击拜占庭帝国，并且取得胜利。到8世纪，阿瓦尔人的权力和扩张能力逐渐减弱。尽管如此，他们在中欧舞台上仍然扮演着重要角色。788年，阿瓦尔人入侵意大利和巴伐利亚。或许的确是塔西洛三世召唤他们前来，但阿瓦尔人也许只想要利用塔西洛三世倒台后政局不稳的局面。

三年后，卡尔稳稳地掌握了巴伐利亚的统治权，然后开始进行第一次阿瓦尔征伐战。法兰克军队突进到恩斯河对岸，而阿瓦尔人一路后撤，并未与法兰克军队交锋，因此卡尔此次远征根本算不上成功。为了更好地适应阿瓦尔人的战术，792年，卡尔命人建造了一座移动浮桥，桥身可以用船沿多瑙河向下游运输；凭借它，法兰克军队便可以轻松地穿梭于多瑙河上。当时，卡尔还尝试挖凿一条连通莱茵河—美因河—多瑙河的人工运河，以便将王国北部和东部的两个重要据点连接起来。由于相关的物资运输问题无法解决，这项雄心勃勃的工程只得以失败告终。

但卡尔征服阿瓦尔人的决心并未动摇。795年，他再次亲自征讨萨克森，同时命令自己的儿子丕平（781年之前叫卡尔曼，后改名为丕平，负责统治意大利）、巴伐利亚军事长官格罗尔德和弗留利边区伯爵埃里希继续与阿瓦尔人战斗。阿瓦尔人此时因为内斗，实力已被削弱，所以埃里希成功率军推进到拉布河对岸的匈牙利草原上，攻下阿尔瓦人环形碉堡的主环。796年，丕平也率军抵达，在那里接受阿瓦尔统治者的投降。当时，不计其数的财宝落入法兰克胜利者手中——阿瓦尔统治者在过去几百年中收获的所有战利品和贡品。此战胜利的大部分战利品都分发给了贵族，或赠予基督教会。这批阿瓦尔人的财宝与利奥当选教皇的消息几乎同时抵达亚琛，教皇利奥三世因此变得极为富有。

萨克森战场上的情况又如何呢？785年以后，萨克森地区平静多年，卡尔在这段和平时期征服了巴伐利亚。萨克森人似乎接受了法兰克人的统治，甚至派兵参加卡尔的远征，如791年征伐阿瓦尔人的战争。但当远征遭遇挫折时，卡尔的军事失败对萨克森人来说就是再次发起叛乱的信号，因为这次失败严重损害了卡尔"常胜将军"的威望。原本萨克森人认为基督教比萨克森人的信仰优越，但卡尔的失败动摇了他们的这种想法。因为阿瓦尔人和不久前的萨克森人一样——可能后者的内心直到此时——都不是基督徒。

法兰克人与萨克森人的战斗集中在萨克森北部、威悉河与易北河下游之间的维格莫迪亚、巴尔登高，以及被称作"北阿尔宾吉亚"的易北河以北地区。法兰克人之前取得的胜利似乎很快就被完全遗忘。793年，一支较大的法兰克步兵分队在威悉河河口被消灭。卡尔隐瞒了此次失败的严重性，放弃原计划，不再向阿瓦尔地区增兵，而是专心开凿连通雷德尼茨河和阿尔特米尔河的运河。这条运河所连接的萨克森和阿瓦尔地区，正是法兰克王国的两个危机之源。假如运河修建成功，必定可以大大缩短两地之间的路程。但是由于持续阴雨，这项计划也失败了。后来，从萨克森又接连传来其他坏消息，卡尔无功而返。

复活节后，卡尔才再次开始与萨克森人对战。他此次共调遣两支军队：一支由卡尔亲自指挥，直接向萨克森进发；另一支则由与他同名的儿子指挥，绕道科隆。萨克森人在帕德博恩南面的辛特菲尔德集结，但他们避免和两面夹击、实力强劲的法兰克军队发生战斗，最终选择投降。然而795年，他们又故伎重施，再次反叛。卡尔从美因茨挥师向北，抵达易北河时，萨克森人再次投降。次年，卡尔又一次率军进入萨克森。797年，他甚至率军抵达北海岸边的哈德尔恩，并再次接受了所谓的"整个萨克森民族"的投降。由于法兰克王国的其他事务，卡尔不得不返回。随后他在亚琛举行王国大会，颁布了第二部萨克森法令，史称《萨克森法令》。法令规定，威斯特法伦人、恩格人和奥斯特法伦人均可参与法兰克王国的立法程序，并且和法兰克王国其他民族享有同等地位。卡尔此举极有可能是在回报最早臣服于他、对他忠心耿耿的南部萨克森人，而萨克森北方地区的众多部族则被排除在外。

因此，《萨克森法令》并没有给萨克森地区带来和平，也在情理之中。797年11月中旬，卡尔再次来到萨克森过冬，并尝试整合萨克森地区。他在赫克斯特以南设立了一座军营，取名赫里斯特勒。可惜这次的安宁仍是虚假的。798年，萨克森北部地区的人们起兵反叛。卡尔与阿卜德里特人结成同盟，又取得了多次军事胜利。此时，北部的萨克森人也不得不投降，并献出人质。799年，卡尔在帕德博恩接见从罗马出逃的教皇利奥三世，与此同时，他的儿子卡尔代他接收北部萨克森人如约献出的人质。800年，卡尔在罗马加冕称帝。此后，卡尔敕令他治下的所有民族将本民族的法律记录下来，包括萨克森人，于是形成了《萨克森法典》。尽管《萨克森法典》明确彰显了卡尔的统治地位，804年，他仍旧不得不再次介入萨克森。这一次，卡尔命令生活在当今不来梅地区的维格莫迪亚人以及易北河以北的萨克森人，集体迁居到法兰克王国；易北河对岸的土地则留给了卡尔的老盟友——阿卜德里特人。

至此，征服萨克森的战争终于取得胜利。按当时的情况来看，这场征服战的时间跨度是难以想象的。卡尔为此耗费了三十年，这甚至比许多中世纪统治者在位的时间还要长。卡尔二十四岁第一次踏过萨克森地区的边界，摧毁了圣树，五十六岁才终于彻底降服萨克森人；而在他那个时代，能活到五十六岁的，也只是少数。为何萨克森战争持续如此之久？萨克森人在任何领域都无法与法兰克人相提并论，但他们为什么能够抵抗法兰克人如此之久？最重要的原因，可能在于他们的政权极为分散：他们没有具备行动能力的中央政权，无法与法兰克人签订合约；他们没有首都，法兰克人无法通过征服首都，打消这片土地上的抵抗斗争；他们没有国王或公爵，法兰克人无法施展拘捕领导人的手段，使广大民众陷入群龙无首的境地。简要来说，萨克森人表面上的落后恰恰是他们的优势。萨克森人曾无数次投降，向卡尔宣誓效忠，献出人质，但每一次仅仅约束了若干萨克森群体或部族，从来没有像卡尔和法兰克人以为的那样，约束了整个萨克森民族。因此，当第二年其他萨克森部族开始反抗法兰克人，可能前期还取得了某些战斗胜利，前一年被征服的萨克森人便会再度卷入反抗的洪流；如此一来，法兰克人之前取得的成功很快便毫无意义。然而，萨克森人永远不能指望在军事上战胜法兰克人，因为法兰克人在军事实力上占据绝对优势，而且在战术上远远超越萨克森人。尽管如此，为了平定所有萨克森部族，这场旷日持久的血腥之战仍然要求卡尔和法兰克人付出最大的精力和牺牲。

艾因哈德回首往事时，将萨克森最终并入法兰克王国的艰难过程，解释为双方签订和约的过程，和约条件是："萨克森人必须停止崇拜异教偶像，放弃本土的宗教习俗，接受基督教圣礼，并与法兰克人结合为一个民族。"实际上，萨克森地区发生的重大变化并不局限于宗教领域。萨克森人失去了民族的、集体推选的公共机构，自己的宗教习俗，以及未发展成熟的政治组织形式。萨克森被征服者压迫，被迫引入基督教、基督教会管理结构，以及法兰克人的伯爵封地组织方式。为了给神职人员和世俗官员提供物质保障，大量的人力物力被征用。

通过任命本地人为伯爵，国王也干预了本地的社会结构。因为萨克森贵族只要晋升为伯爵，通常他的社会地位会有所改善，或至少与先前保持不变；相反，其他萨克森贵族如果坚持敌视法兰克人，那么，他们就必须为自己现有的地位担忧。黑悉就是一个成功融入新局势的范例；775年，他是奥斯特法伦人的首领。他选择为法兰克王国效力，晋升伯爵，财产也成倍增长。我们顺便了解到，他的女儿为了管理继承自他的财产，必须经常外出奔波。此外，卡尔确立的《萨克森法典》扩大了萨克森贵族和其余民众之间的社会差距。不得不提的还有，在卡尔的命令下，大批萨克森人被流放。即使不考虑给被放逐者造成的痛苦，卡尔此举也强烈撼动了萨克森的社会结构。法兰克人也许带来了全新的大地产的组织形式，因为除了原有的世俗贵族阶层，现在又增添了教会机构和国王。在萨克森战争的最后阶段，法兰克王国在萨克森设立了许多主教府。此后数年中，萨克森人居住区发生了巨大的变化。萨克森如今出现了新的核心区，那里有风格完全不同的建筑，比如用石块建造的雄伟教堂。萨克森人臣服于法兰克人后，生活的方方面面都发生了令人无法想象的、广泛而又深刻的变化。

第五章

卡尔、教皇和东罗马帝国皇帝

由于实行了卓有成效的外交政策，在加冕称帝前不久，卡尔已经是除了远在君士坦丁堡（拜占庭）的东罗马帝国皇帝外基督教世界最强大的统治者。尽管西罗马帝国在476年已经覆灭，但东罗马帝国从未间断地继承了罗马帝国的传统；因此，在当时的基督教世界中，君士坦丁堡仍处于精神领袖的地位。西方所有日耳曼民族统治者都承认这一点，因为截至目前，从未有人使用过"皇帝"头衔，他们仅自称国王。但卡尔更进一步，被教皇加冕为皇帝，这就撼动了现有的权力结构。在此过程中，卡尔和教皇与拜占庭的关系发挥着非常重要的作用，尤其是教皇，因为他同时与两大强国保持着联系。

历史上，东罗马皇帝查士丁尼曾大举扩张，征服意大利、北非和西班牙南部地区，所以东罗马帝国在西方的政治存在感始终很强。然而东罗马帝国征服的西方领土逐渐落入西哥特人、伦巴第人，但主要是阿拉伯人之手。8世纪，拜占庭帝国在西方的统治范围缩减为达尔马提亚和意大利的若干沿海区域，其中前哨城市或地区有威尼斯、那不勒斯、阿马尔菲，以及卡拉布里亚和普利亚半岛的突出地区。但其中最重要的领地，非西西里岛和拉韦纳总督区（由拉韦纳城和周边地区组成）莫属。拉韦纳总督区呈狭长的带状，横跨亚平宁半岛，并与同属拜占庭帝国的罗马大公领地相连。总督在拜占庭帝国享有尊贵的"守护者"头衔，作为皇帝在西方统治区的最高代表，几乎称得上是"副皇帝"，甚至罗马也归其管辖。

按照宪法性法律的分配，直到8世纪上半叶，历代教皇在原则上仍将皇帝视为自己的君主。关于这一点，历代教皇当选后的公告内容中均有明确说明。尽管如此，教皇在罗马城的势力日益扩大，逐渐在权力竞争中压制拜占庭帝国委派的官员，因为永恒之城的民众，尤其是贵族，更愿意服从自己的主教大人，而非外来的皇命委托人。此外，历代教皇通常都出身自罗马贵族阶层。而拜占庭帝国征收重税导致的争端，又进一步加重了人们对东方政权的厌恶情绪。东罗马皇帝利奥三世（717—741年在位）对基督教的态度发生巨大转变，他规定帝国范围内禁止崇拜圣像（史称"圣像破坏运动"），但教皇坚持敬拜圣像，因此教皇与君士坦丁堡的关系明显恶化。之前，罗马和君士坦丁堡之间也发生过类似冲突，但8世纪上半叶又发生的两起冲突使双方关系彻底疏远。其一是，东罗马皇帝撤销了教皇在意大利南部和巴尔干半岛上东罗马帝国统治区的宗教管辖权，而且查抄了罗马教廷在意大利南部地区的大量财产，尽管这种专制行为不符合他真实的统治手段。其二是，由于720年左右开始陷入与阿拉伯人的争斗，东罗马皇帝无力为教皇提供军事支持以抵抗伦巴第人的扩张压力。因此，教皇格列高利三世在738年至739年才向法兰克王国宫相铁锤卡尔求助，然而也徒然无果。

最终，东罗马帝国连自己在意大利最重要的位置也无法保全：751年，伦巴第人占领拉韦纳总督区。同年，铁锤卡尔的儿子丕平在教皇授意下，自立为法兰克国王。该事件表明，教皇与法兰克国王的联盟已经达成。教皇任命丕平为"罗马人的守护者"，而丕平战胜伦巴第人之后，将拉韦纳转赠给教皇；此时，双方的联盟关系达到了最高点。拜占庭使团曾表示抗议，但无人理睬。事实上，丕平并没有履行自己754年对教皇许下的所有承诺。他曾许诺将原伦巴第王国的大部分领土献给教皇，但后来并没有去征服伦巴第王国。尽管如此，教皇司提反二世对丕平已兑现的诺言已经心满意足。借助法兰克人，教皇的地位已经明显提高，无论是在宿敌伦巴第人面前，还是在旧宗主拜占庭帝国皇帝面前。但无论如何，教皇还是对伦巴第人的扩张力量和拜占庭皇帝的权力要求心存忌惮。

考虑到权力局势发生的变化，保罗一世和君士坦丁二世于757年和767年先后当选教皇时，都正式通知了法兰克国王，此前教皇只需正式通知皇帝即可。保罗一世有充分理由认为，唯有法兰克国王有能力保护自己免受拜占庭的干扰。另一方面，教皇继续履行对拜占庭帝国皇帝的义务：

继续将罗马的各类官方文件抄送给皇帝、铸造帝国金币。但随后一段时间，伦巴第国王向罗马施压，促使教皇阿德里安再次向法兰克王国求助。此时，卡尔的统治地位已经毫无争议。如前文所见，他率军介入意大利，但他并非那样无私，最终伦巴第王国落入其手。774年春天，正值法兰克人围困帕维亚期间，卡尔在罗马现身，在那里庆祝复活节。据教皇阿德里安的传记作家记载，当时卡尔的造访令阿德里安十分惶恐。一方面，卡尔是他的盟友；但另一方面，卡尔在意大利迅速扩张，对教皇的政治独立性也构成潜在的威胁。尽管如此，或者说正是出于这个原因，教皇才用"行省总督"或"守护者"的礼仪级别接待卡尔。

迄今为止，卡尔和父亲丕平都未曾使用过"罗马人的守护者"的称号。它只是教皇在给法兰克国王写信时的一种称呼方式。直到卡尔造访罗马，教皇才以这样的身份迎接他。尽管"罗马人的守护者"的身份与以前的"行省总督"不同，卡尔仍然不能在城中留宿，只得住在城外的圣彼得教堂。因为教皇不能容忍自己身边有任何世俗统治者，即使是卡尔，也必须在复活节庆典上，于圣彼得墓前起誓，保证教皇的安全。借此机会，卡尔重申了父亲丕平754年在基耶尔济对教皇司提反二世所作的"献土"承诺。教皇又一次看到了赢取意大利中部其他地区的希望。然而卡尔与父亲一样，也没有完全遵守这项承诺。卡尔战胜伦巴第人以后，教皇仅仅获得了一些无足轻重的地区，甚至教皇在拉韦纳总督区的统治地位，也不是毋庸置疑的。因为拉韦纳大主教也偶尔依仗法兰克人的势力，在罗马同僚面前，坚持声称自己才是总督区的管理者。

卡尔是"法兰克和伦巴第国王"，统治着意大利面积最大的王国，此时也开始使用"罗马人的守护者"的尊号。从历代教皇的角度来说，迄今为止，教皇只有委托法兰克国王保护罗马教会时，才会强调这重身份。如今，卡尔的统治区已经与罗马直接相邻，那么，卡尔凭借"罗马人的守护者"的尊号，便可要求享有实际的罗马统治权。阿德里安既然非常重视自己的政治独立性，那么卡尔变换称号的潜在意图也必定瞒不过他。拜占庭皇帝的名字终于从阿德里安的教皇任期书上消失，在教皇的官方文件和金币上也不再出现。这必然挑战了拜占庭皇帝的威严。罗马城虽然实际上由教皇统治，但名义上仍归君士坦丁堡，至少拜占庭帝国皇帝希望如此。教皇力求在世俗事务中摆脱拜占庭帝国的束缚，在这方面，法兰克人是教皇的亲密盟友兼助手。所谓的《君士坦丁御赐教产谕》终于成全了教皇的独立地位。它实际上是一份出自教皇亲信之手的伪造文件，谕令中规定，第一位信奉基督教的帝国皇帝将罗马帝国西部诸行省交由教皇统治。

征服伦巴第王国一方面使卡尔与罗马的关系更加亲密，另一方面，也彻底改变了迄今为止法兰克人与君士坦丁堡的良好关系。早在757年，卡尔的父亲丕平就曾派遣使团接近东罗马帝国皇帝，希望能与皇帝签订友好协定，虽然他拒绝归还法律上属于东罗马帝国的拉韦纳总督区。也许拜占庭使团带来的消息是，东罗马帝国皇帝同意教皇任命丕平为"守护者"。此后数年中，双方甚至磋商起了一桩婚姻：东罗马皇帝的儿子应当娶丕平的女儿吉瑟拉为妻。

卡尔征服伦巴第王国以后，德西德里乌斯的儿子兼"助理国王"阿德尔齐斯逃往君士坦丁堡。东罗马帝国皇帝也赐予他"守护者"尊号；从拜占庭的立场来说，他和法兰克国王恰好处于同等级别——这是在挑衅卡尔。775年秋，拜占庭方面曾试图联合支持伦巴第人的贝内文托公爵、斯波莱托公爵、弗留利公爵和托斯卡纳公爵，意图驱逐意大利的法兰克人，并帮助阿德尔齐斯夺回伦巴第国王王位；此外，罗马应当重新归东罗马皇帝统治。教皇阿德里安得知他们密谋结盟一事后，写信通知了卡尔。卡尔立即出现在意大利北部，平息了弗留利的这次叛乱。然而，他并未为难参与密谋的各位公爵，尽管教皇邀请他前去罗马，他也并未接受。他在伦巴第王国的统治地位依然稳固，因为拜占庭方面并未出面干涉，阿德尔齐斯仍然安全地待在君士坦丁堡。此后数年，教皇为挑起骚乱费尽心思。778年，阿德里安第一次主动发起战争，征服了泰拉奇纳。此地原本属于那不勒斯公爵，因此也是拜占庭帝国的领土。阿德里安畏惧拜占庭方面报复，因此试图再次说服卡尔插手此事。但卡尔此时正在西班牙冒险，同时被萨克森人的叛乱事务缠身。幸好，此时君士坦丁堡方面也面临更迫切的问题，无暇教训教皇。

三年后的781年复活节期间，卡尔才再次来到罗马。

当然，他并不仅是为了祷告而来；此次卡尔的首要目的是加强教皇和法兰克国王的政治联盟。复活节星期一那天，教皇为卡尔的两个小儿子——丕平和路易涂抹圣膏，并加冕为国王。路易将从父亲手中接管阿基坦，丕平则接管伦巴第。自丕平[①]时代开始，罗马主教和法兰克国王之间就形成了亲密的宗教亲缘关系；此次加冕仪式上，阿德里安继承这份传统，成为丕平和路易的教父。另外，卡尔和教皇澄清了"丕平献土"的遗留问题。教皇可以获得托斯卡纳和斯波莱托公国的土地和收入，但作为条件，教皇必须放弃目前尚未履行的部分承诺，特别是对整个托斯卡纳和斯波莱托地区的统治权。尽管教皇在其他方面已经对卡尔有所让步，但卡尔在谈判中表现得更为强势，很少妥协。教皇无奈地表态，反对迄今为止同样与罗马保持良好关系的巴伐利亚公爵塔西洛三世。一支代表教皇和法兰克人的使团来到塔西洛三世面前，提醒他不要忘记对法兰克国王应尽的义务。当然，塔西洛三世仅愿意在同年8月屈尊来沃尔姆斯面见卡尔，但这至少在名义上承认了巴伐利亚属于法兰克王国。

阿德里安在澄清"丕平献土"问题和巴伐利亚问题上表示愿意与卡尔合作，卡尔却没有如阿德里安所愿。教皇原本希望法兰克人武力干涉意大利南部，从而用军事手段实现自己向东罗马皇帝提出的要求。但事实上，781年，卡

---

① 此处指卡尔的父亲丕平，外号"小丕平"或"矮子丕平"。

尔与拜占庭结成同盟,并订立婚约作为保障:卡尔的女儿罗特卢德将嫁给年轻的拜占庭皇帝君士坦丁六世。自780年开始,博斯普鲁斯海峡边的拜占庭帝国就由皇后伊琳娜担任摄政王,代替自己未成年的儿子处理朝政。当时,阿拉伯人多次进攻小亚细亚,皇后伊琳娜面临如此局势,急需稳定帝国西部。因此,她愿意承认法兰克人在意大利的突出地位,包括卡尔的"罗马和教皇的守护者"身份。所以,法兰克人或许以为,自己已经与古老的、荣光无限的东罗马帝国平起平坐。从阿德里安的角度来看,这至少意味着罗马可以不再受拜占庭威胁。与法兰克人平起平坐的状态并没有使拜占庭方面受益多少,因为781年刚刚入春,西西里总督就起事反抗皇后伊琳娜,无奈她只得再向西部派遣军队。

几年后,卡尔还是决定武力干涉意大利南部。但他并非关心教皇的利益,更多的是为了追求自己的利益。此时,贝内文托公国已经从伦巴第败军的藏身之地,变成了罗马和法兰克人的真正威胁。贝内文托的亚里齐斯享有"亲王"称号,和巴伐利亚公爵塔西洛三世一样意图独立,并且也是伦巴第王国最后一位国王德西德里乌斯的女婿,即目前生活在君士坦丁堡、觊觎王位的阿德尔齐斯的姐夫。787年3月,卡尔率军进入贝内文托公国,不久,亚里齐斯便不再作任何抵抗。他宣誓承认卡尔的宗主地位,并献出自己的儿子格里莫阿尔德和其他若干人作为人质。取得此次成功后,卡尔或许以为他和拜占庭的联盟关系已经无法挽回。

所以，当帝国皇室的使团出现在他面前，打算接引他女儿到君士坦丁堡去时，卡尔拒绝将罗特卢德交出去。

这简直是对基督教世界最高统治者史无前例的挑衅；再加上卡尔不久前还曾远征贝内文托公国，他这样做几乎是在逼迫以上双方结成联盟，共同反对法兰克人。事实上，亚里齐斯的确在同年与拜占庭结下同盟，承诺在拜占庭不强占贝内文托领土的前提下，接受拜占庭帝国的统治。此外，伊琳娜皇后还激励在君士坦丁堡流亡多日的伦巴第国王阿德尔齐斯，将他送回意大利南部，并在那里为他集结了一支拜占庭军队。就在此时，一场机缘巧合帮助了卡尔。787年8月，贝内文托公爵亚里齐斯去世。而他的继承人——儿子格里莫阿尔德，此时还在卡尔手中作人质。卡尔不顾教皇建议，将他释放，允许他回家继承爵位。于是，格里莫阿尔德对卡尔感恩戴德：次年，他与斯波莱托公爵合力战胜了拜占庭军队。尽管格里莫阿尔德后来又与拜占庭过从甚密，但帝国的雄心壮志在他身上已然崩溃；同样丧失斗志的还有阿德尔齐斯，他此后待在君士坦丁堡，了此残生。

卡尔打破与拜占庭的联盟关系，从政治上来说，是不明智的。究其原因，可能在于卡尔心有期望，换来的却是失望。与卡尔的期望相反，拜占庭帝国对待这位法兰克国王，仍旧如同对待下属的蛮族酋长一般。由于拜占庭皇帝与外族公主成婚的事例并非罕见，卡尔与拜占庭皇室洽谈婚约并不能提高卡尔的地位。比如，君士坦丁六世的祖母曾经就是哈扎尔族公主；哈扎尔族是一个定居在高加索北部地区的游牧民族，多数哈扎尔人从不信奉基督教。787年，东罗马帝国皇帝召集各方大主教，到尼西亚参加宗教大会。会议邀请了教皇及其代表团，但没有邀请法兰克人。因为从东罗马帝国的角度来说，事情一贯如此。卡尔此时终于明白，他取得的所有军事成就，以及与拜占庭的政治联盟关系，都不能且从未使他与古老的帝国平起平坐。他作为基督教世界西方地区最强大的国王，也必须像弱小的盎格鲁-撒克逊国王一样，静静等候宗教大会的结果，然后如仆从一般谦卑地接受。这让卡尔无法接受，于是，他断然中止了与拜占庭的联盟关系。

尼西亚宗教会议的目标，不仅与皇室的利益相关，而且关乎普罗大众的利益。君士坦丁六世和伊琳娜重新允许敬拜神像，希望以此方式解决导致基督教会分裂数十年的神学矛盾。教皇阿德里安对他们的意图表示赞成，并派遣自己的特使前往尼西亚。看起来，他也毫不在意君士坦丁堡忽视法兰克人的做法，因为这种做法符合自君士坦丁大帝时期便已形成的传统：在事关整个基督教的教会事务中，仅允许皇帝——唯一的俗世统治者参与决策。而教皇本人作为西方世界的教祖，某种程度上也可以代表法兰克人。他们几年前还在请求罗马教会赐予教规和祭祀圣文，以便彻底改革自己的教会，使其步入正轨。而他，圣彼得的继承人，应该顾及这些野蛮人，并允许他们参加全体基督教的宗教大会吗？因此，卡尔在声明中也间接针对阿德里安：

鉴于没有法兰克主教出席，此次宗教大会称不上是全体基督教的大会。此外，法兰克人在敬拜神像的问题上，一直以来都代表正确的一方。

教皇对会议结果表示通过后，罗马教廷才开始翻译此次宗教会议的会议记录。数年后，翻译好的会议记录才送达法兰克宫廷。然而卡尔坚持自己的立场，借此机会强调自己对高卢、日耳曼和意大利的统治权。卡尔的宫廷神学家们在所谓《加洛林之书》中，清晰地阐述了卡尔的态度：拒绝"圣像破坏运动"，也拒绝接受尼西亚宗教会议的结果。教皇阿德里安催促卡尔接受宗教会议的决议，但卡尔只是放弃了将《加洛林之书》公之于众的想法。谈判过程中，教皇提出一种对东罗马皇帝不利，但对教皇自己有利的妥协方案。尽管东罗马皇帝君士坦丁六世已经回归正统信仰，但如果他不纠正自己的曾祖父利奥三世禁止敬拜神像导致的不义，教皇就将宣布他为"异端分子"：皇帝应该将当时没收充公的庄园和权利归还给罗马教廷。历史学家克拉森评价说："罗马的统治权从东部、从希腊教廷和东罗马帝国，转向法兰克人，或者更准确地说，转移到教皇手中，同时由法兰克人保护教皇、保障教皇对罗马的统治权，这点表现得再明显不过了。只要法兰克人保护罗马的自治权，而希腊人蔑视罗马的自治权，那么，与希腊人统一信仰就不会有多大意义。"

卡尔强调自己对教会统治权的行为像极了拜占庭帝国皇帝，在此背景下，教皇也不得不接受他的统治。794年，卡尔在法兰克福召开宗教会议。法兰克主教聚集在国王身边的场景本身并不足为奇，但由于卡尔此时还统治着以前的伦巴第王国，所以参加此次宗教会议的不仅有旧罗马行省高卢、日耳曼和意大利的主教代表，来自不列颠盎格鲁-撒克逊教会的代表，甚至还有教皇的特使。此次大会最重要的主题和787年尼西亚宗教会议的一样——反对异端邪说。在西班牙，有人对耶稣的身份提出一种新的看法：耶稣不是上帝的亲生儿子，或许只是养子。法兰克人和教皇坚决反对该观点，并借法兰克福宗教大会的机会表明了立场。会议还提到了尼西亚宗教大会——法兰克福宗教大会最终决定不采纳该大会的决议。借此卡尔也明确警示了教皇，因为教皇的特使们还随身携带着尼西亚宗教会议的决议书。虽然阿德里安完全相信尼西亚决议书的正确性和有效性，但在法兰克福，决议书依旧被否决。或许是为了保住颜面，教皇最终既没有认可法兰克福的决议，也没有认可尼西亚的决议。而卡尔则通过各种方式，明确地表达了自己想要与东罗马帝国皇帝享有平等地位的要求。

795年圣诞节，教皇阿德里安逝世。卡尔诚挚地悼念与自己合作多年的伙伴。艾因哈德称，卡尔听闻死讯后甚至流下了泪水。他命人在圣彼得大教堂中安置了一块黑色大理石墓碑，直到今天，人们还可以看到上面刻着卡尔的宫廷学校校长阿尔昆所写的一首悼念诗："得知神父去世，我挥泪如雨；我，卡尔，拙人为他写下悼词几句：神父啊！您是我心之所系，此刻，我只能悲鸣掩泣；光辉头衔下你我之名相映而立，国王如我，神父如你；谦恭的祷告者啊，请再为我们祈求！祈求上帝，发发慈悲，怜悯我和你。"

卡尔面对令人肃然起敬的阿德里安都能坚守自己的突出地位，面对阿德里安的继任者利奥三世时，则更真切地做到了这一点。按照卡尔的分配方式，利奥三世只需负责祈祷，而卡尔负责保护罗马教廷和基督徒，抵抗异教徒和无信仰者的攻击。796年，卡尔战胜了异教徒阿瓦尔人，在给教皇的捷报书中，他写了如上内容。此次对阿瓦尔人的征伐取得了军事和政治的双重成功，于是，卡尔借机提醒教皇，不要忘记宗教权力和世俗权力在两人之间的分配方式。此前基督教世界曾惊恐地称阿瓦尔人为"上帝之鞭"，因此这次胜利大大提高了这位法兰克王国统治者的自尊心。趁此良机，深受卡尔信任的学者阿尔昆将卡尔的法兰克王国改称为"帝王国"（imperiale regnum）。只需再过短短四年，卡尔便可以在西方建立起一个真正的皇权帝国。

法兰克人战胜阿瓦尔人的同时，在拜占庭的君士坦丁六世剥夺了他母亲伊琳娜的权力。然而797年，皇后伊琳娜成功夺权，逼迫她的儿子退位，并灼瞎他的双眼，使他再也无法夺取皇帝之位；随后，伊琳娜自立为女皇。有个别消息声称，798年，拜占庭的某方势力，或许就是女皇本人，曾有意将皇帝之位让给卡尔。类似的零星消息必定增强了卡尔的决心，待时机成熟，他便要登上世俗统治的最高之位。799年，罗马贵族起事，反对教皇利奥三世，卡尔期待的时机终于到来。鉴于当时的旧罗马和新罗马①接连发生闻所未闻、令人愤慨的事件,阿尔昆在给君主的信中写道:"当今世上,共有三人身处巅峰之位:其一为罗马教皇,他是首席使徒圣彼得的代理人;其次为东罗马的皇帝陛下,他身为皇帝,拥有统治俗世之权;其三便是陛下您,您凭王国之荣耀与吾主耶稣基督之仁慈,担当基督教各民族的掌舵者,比之前二者更强大、更富有智慧、更崇高。"这些文字反映出,卡尔在那段时期自信高涨。此时,他沉着冷静,但又志在必得地追逐着自己的目标,他不仅要事实上,而且要名义上站在基督教世界的巅峰。

800年圣诞节,卡尔加冕称帝。拜占庭方面认为,这是对自己的挑衅。教皇在卡尔加冕过程中所担当的重要角色,被君士坦丁堡评价为"卑鄙"。因为在君士坦丁堡,登基称帝本身纯粹是俗世之事,由教祖加冕只不过是为皇帝增加一层宗教装饰罢了。西方重要史料中均未记载卡尔加冕时受过涂膏礼,但拜占庭的史官塞奥法尼斯以辛辣的文笔对此进行了描绘;那不像帝王的登基仪式,反倒像在给弥留之人最后一次涂油膏。但这种辛辣的讽刺只是在掩饰博斯普鲁斯海峡边的人们承受的深重伤害,他们甚至感觉自己受到了威胁。过去也曾发生过若干次篡位,也有某些觊觎皇位的人在意大利,更有甚者在罗马被拥立为皇帝。他们以前都曾是帝国的臣民,后来企图夺取拜占庭帝国的统治

---

① 旧罗马即罗马城,"新罗马"或下文的"第二罗马"均指君士坦丁堡。

权。现在，有一个蛮族人胆敢登上罗马帝国皇帝之位，而拜占庭皇室竟不清楚会有何种后果。卡尔会对罗马帝国发起进攻，最终征服罗马帝国真正的都城——君士坦丁堡吗？他会将篡位进行到底吗？由于类似情况并未真实发生，于是女皇伊琳娜派使团西行，探查卡尔的意图。随后，法兰克王国和教皇的使者带着回答赶赴君士坦丁堡。伊琳娜没有选择与蛮族篡位者作战，而是与之谈判，或许正是因此，卡尔与伊琳娜意图联姻的谣言在当时散播四起；虽然完全没有事实依据，但这让不再年轻的女皇在对手面前丢尽了名誉。802年10月末，在西方使团还未离去时，伊琳娜的统治就被推翻，这或许并不是偶然。

随后，这场阴谋的头目——皇宫高级官员尼基弗鲁斯登上皇位。但他也踏上了和谈之路；803年夏天，又一支拜占庭使团出现在卡尔身边，为他呈递了一份书面的和约草稿。即使和约草稿没能留存下来，我们也可以认为，卡尔将会要求拜占庭承认自己的皇帝身份。从政治权力来说，卡尔此时或许希望维持现状，但对尼基弗鲁斯来说，他不可能承认卡尔的皇帝身份，所以对卡尔的建议置之不理。然而，等级名号问题也不值得他发起战争。军事冲突只有后来因为确切的领土利益才爆发出来。那时，对外属于拜占庭帝国但对内享有充分自治权的威尼斯，发生了类似内战的骚乱，不同派系或求助于法兰克人，或求助于拜占庭帝国。最终在806年，卡尔将威尼斯和达尔马提亚正式并入自己的帝国。此时尼基弗鲁斯再也不能坐视不理。于是双方开战，战争持续了四年。法兰克人在陆地上占有绝对优势，拜占庭人则控制着海洋。

直到810年，仍没有任何一方能够取得战争的决定性优势。那时，东罗马帝国首都君士坦丁堡经常受到保加利亚人的侵扰，所以，尼基弗鲁斯决定对保加利亚人开战。他派遣使者前往法兰克，以便结束双方之间的战争。卡尔也利用此次机会，想要为自己的皇帝身份问题寻求解决方案。为了创造谈判条件，卡尔甚至准备放弃威尼斯。但法兰克使者到达君士坦丁堡时，尼基弗鲁斯已经去世。他在811年7月与保加利亚人的战斗中丧生。他的女婿兼继任者米海尔一世继续与卡尔谈判，最终认可了卡尔的皇帝身份。拜占庭方面表示，自己的帝国才是罗马帝国的直接继承国，有着根本优越性，而卡尔的皇帝身份只是由统治众多民族的国王晋升而来。为了明确双方的差异，米海尔一世还专门在拜占庭帝国皇帝的官方全称中，特意强调自己的罗马属性：从此，居住在博斯普鲁斯海峡边第二罗马城的统治者，对外不再只称呼"皇帝"，而是称"罗马人的皇帝"。812年夏天，拜占庭使团来到亚琛，正式称卡尔为皇帝。十二年后，卡尔终于如愿以偿，使君士坦丁堡也认可了他的新皇身份。

但是，外界的身份认可并不能掩盖卡尔自800年圣诞节便已自视为皇帝的事实。这在一项事关东西方两大教廷的教规问题上尤其明显：卡尔名义上成为耶路撒冷的守护者后，希腊和法兰克的修士们在耶路撒冷展开了一场神学争论。因为法兰克修士宣扬的教义超出了基督教共同教义的字面意义,他们认为:圣灵是从圣父和圣子中产生的。809年,卡尔诏令在亚琛宗教大会上解决"圣子争执",但此次大会的决策方式与794年法兰克福宗教大会上法兰克人的表态方法如出一辙。法兰克人要求教皇将"圣灵同样出于圣子"的决议补充进基督教教义中去。但利奥三世拒绝执行,因为那将影响东西方基督教会的统一性。法兰克人的这项要求说明他们获得了新的自信——即使处理教会事务也不愿再听命于教皇。虽然教皇命人将381年第一次尼西亚宗教会议最终确定的古老教义,以拉丁文和希腊文两种语言抄录后分别悬挂在使徒彼得的坟墓两侧,但在法兰克帝国,人们唱诵基督教教义时,仍然保留着"和圣子"的字眼。

此时,卡尔的地位已经达到曾经西罗马帝国皇帝的级别,自从西罗马帝国灭亡后,西方基督教世界还从来没有一位统治者达到如此高度。他统治的帝国北起英吉利海峡,南到意大利南部,东临易北河,西跨比利牛斯山。教皇接受他的政治领导,甚至无权决定法兰克人的教会事务。拜占庭帝国皇帝第一次承认与他——一位蛮族统治者——享有同等地位。卡尔甚至与远在巴格达的阿拉伯哈里发互派使者,换句话说,卡尔自然而然地与地中海地区的第三个强国保持着联系。双方友谊的结果之一便是,哈里发哈伦·拉希德于802年将耶稣基督之墓的处置权交给了卡尔。因此,卡尔作为西方皇帝的威望大大提高。在圣城耶路撒冷,圣墓的保护者不是几十年来抵抗伊斯兰人进攻的东罗马帝国皇帝,而是西方基督教世界的守护者卡尔大帝。卡尔带领法兰克帝国,达到了空前绝后的权力巅峰。

第六章

统治帝国

卡尔加冕称帝不仅具有外交意义，而且对卡尔治理内政也产生了巨大的作用。在卡尔眼中，刚刚获得的皇帝称号不仅仅是一个形式，它还从本质上改变了卡尔在帝国内部的地位。卡尔赢得皇帝头衔后的802年，帝国全体民众对卡尔宣誓效忠，这一事件将卡尔的地位变化表现得再明显不过。这是臣民们第二次对卡尔宣誓效忠；第一次发生在789年，巴伐利亚公爵塔西洛三世退位一年后。当时，一些不忠者为之前的叛乱找借口，称他们还没有对卡尔宣誓效忠。现在，再也没有一个人能以此为借口，因为所有年满十二岁的自由男性国民都必须对国王宣誓效忠。

与789年相比，802年卡尔对宣誓的要求更进一步，将原本非常笼统的"忠诚"概念定义得更为详细。过去的观念明显认为，"忠诚"只要履行忠诚义务就够了，即不危害君王，不私通外敌。但如今卡尔对臣民的要求更高。所有人必须遵照上帝的旨意行事；尊重皇帝的所有财产；承认皇帝享有保护教会、保护所有弱者——尤其是寡妇和孤儿的权力；所有人应当听从皇帝的命令。这些要求从我们现代人的角度看来，似乎显得有些奇怪，因为某些要求似乎并不属于国家范畴，还有些似乎是理所当然的事。但在卡尔大帝的时代并非如此。这些要求也表明，当时的政权何其落后，而要在那个时代树立今天意义上的国家威望又是何其困难。

在此，我们列举阿基坦公国的一个例子，解释中世纪统治者们想要树立自己威望的难度。781年，卡尔任命自己的第三个儿子路易（他的母亲是希尔德嘉德）为阿基坦副王。路易前去探望父王卡尔时没有准备一份合适的礼物，直到他被明确命令该这么做。问起原因时，路易解释说，自己当时陷入某种艰难的境地，因为他身边的重臣们只追求自身的利益，无一例外。他们一方面对公共财产漠不关心，另一方面还企图将其据为己有。而他路易，只是名义上的主人。面对诸如此类令人愤慨的状况，卡尔的应对却出人意料地宽容。他只是将以前的王室财产重新交给王族处置，但并未制定任何惩罚措施。卡尔并不想责备阿基坦的重臣们蓄意侵占王室财产，因为那可能会驱使他们公开造反。尽管他们没有任何反叛之心，甚至——至少按照他们自己的信念来说——对王室忠心耿耿，但他们的自私危害了国王的地位。若要用纪律约束他们，从长远来看，难度几乎相当于和公开宣称的敌人作战。所以，卡尔尝试通过宣誓效忠的方式赋予帝国人民义务，以保证皇室财产不被侵犯。当然，其主要目的在于，在不引发冲突的情况下，逼迫帝国贵族承认卡尔的特殊地位。

总的来说，全民宣誓效忠的规定内容表明，在帝国内部，统治者威望的发展程度何其低下。卡尔在位期间，一直在努力树立统治威望。今天，我们还有卡尔时代留下来的大量法令为证。这些法令可以归类为法律或法规，一个文本往往分成多个章节。778年，卡尔从西班牙战场无功而返，在萨克森也遭遇多次失败，此时，卡尔第一次面临严重的治国危机。779年，他在埃斯塔勒颁布了他在位早期最重要的一部法令，其中第十六章特别涉及了"忠诚"问题，因为卡尔禁止了所谓的"帮会"和"结义之谊"。此类团体中，各个成员之间构成誓约关系，在发生冲突的情况下，他们可能会因为誓约放弃对国王的效忠。

卡尔的第二部重要法令《告全体臣民书》，也是在一次危机不久后颁布的。当时是789年，哈尔德哈特公爵的反叛刚刚平息，塔西洛三世也退位不久。在《告全体臣民书》中，卡尔扮演所有基督教民族的掌舵人，在盎格鲁-撒克逊学者、来自约克的阿尔昆的影响下，告诫所有子民遵守教会法规，强调星期天的神圣等。其中少数规定非常典型，堪称适用于所有宣誓活动的指导。卡尔禁止作伪证，尤其在面对福音书、圣坛或圣人遗骸，以及多人共同宣誓时；后者与所有宣誓活动息息相关，因为在王室官员面前，人们通常都采用集体宣誓的形式。

794年，卡尔在法兰克福宗教大会上完成了另一次重要的立法活动。大会的宗教决议主要针对在西班牙形成的

"耶稣养子说"——耶稣仅仅是一个普通人，上帝之灵以特殊方式灌注进他的体内；其次，是为了回应尼西亚宗教大会。而法兰克福宗教大会的世俗决议，则是在寻求王国内部问题的答案：792年至793年，卡尔的长子驼背丕平起事反抗自己的父亲。当时，丕平实际上已经被卡尔排除在继承人之外，但仍有许多高级贵族追随他。有人猜测，追随者中还包括巴伐利亚贵族，他们意图乘机将塔西洛三世从修道院中营救出来。丕平的反抗失败了，最终只能在修道院的高墙后了此残生。而塔西洛三世在反抗失败后不久现身法兰克福，那也是他最后一次出现在公众眼前；他宣告，自己和自己的子孙放弃对巴伐利亚的所有统治权。只有这样，卡尔才能真正安心地拿下巴伐利亚的统治权，因为788年的公开审判并不能构成塔西洛三世退位的合法依据。或许对卡尔来说，对内贯彻自己的统治权，要比取得种种外交成就更难。

在此背景下，随卡尔的加冕称帝而来的，不仅仅是权力的扩大、声望的提升，还有真实的危险。就破坏统治者的权威而言，法兰克贵族可称得上诡计多端；所以接下来会面临何种糟糕的情况并不难想象。那些狡辩的贵族，比如曾参与哈尔德哈特阴谋的人，会辩论道：他们没有效忠国王的义务，因为他们之前没有对国王宣誓效忠；卡尔称帝后，他们可能会拿新的理由为自己违抗皇帝命令的行为辩解——他们的确对国王宣誓效忠过，但对皇帝陛下则没有。所以，出于这些原因，从卡尔的角度来看，802年举行全民宣誓效忠非常必要。上文提到,卡尔曾扩展"忠诚"概念,这也是为了保障统治者的命令能够有效地执行下去。卡尔对部下提出了许多"忠诚"要求,但仅限于羊皮卷上,从未真正执行过。更多时候,卡尔不得不像自己的前任那样,通过常见的方式收买朝中重臣们的忠心,例如赠礼或其他的利益表示,但最好还是通过委以重任。

与前任不同的是,卡尔对此并不满足。按照他自己的理解,他心目中的统治者应当如古罗马时代的皇帝或同时代的拜占庭皇帝一样。他的话语就是法律,至少从理论上来说,朝中重臣绝不能对他的话拒不执行。因此,在这件事上,卡尔表现出强大的毅力,他不论艰难险阻,始终追寻自己的目标,一再以法令的形式,将自己的构想公布于世。卡尔颁布种种书面指令的行为,正是在模仿古罗马的伟大典范。

802年,即加冕称帝后不久,卡尔不仅让整个帝国的臣民宣誓效忠,而且筹划了一系列立法活动。《洛尔施年代记》中概括性地记载着:"10月,皇帝陛下在上述地点[亚琛]召开宗教会议,号令主教、神父和执事们共同研读宗教大会选定的《圣经》经典篇章,以及历代教皇的各种法令且命令将这些经典篇章和法令,在主教、神父和执事们的监督下,完整地翻译出来。在此次宗教大会上,陛下还用类似方式将与会的修士和修道院长召集起来,围坐在一起,研读圣本笃[①]的《修院圣规》且命人在修士和修道院长的监

---

① 圣本笃(480—547),意大利天主教圣徒,本笃会的创建者和西方修道院制度的创立者。

督下,将《圣规》完整地翻译出来。[……]而皇帝陛下本人,在宗教大会期间召集各地公爵、伯爵和其他基督教部族的法律事务专家,命令他们将帝国的所有法律朗读并翻译出来,请每个人将本部族的法律朗读给其他人听;必要时,陛下还请人完善每个部族的法律,然后将已完善的法律记录下来;此后,帝国法官必须依据书面的法律作判断,不得接受贿赂,以便所有人,无论贫富,均可享有公平的裁决。"

首先,我们先从世俗领域分析此次立法活动。卡尔命人修订法兰克人、弗里斯兰人、萨克森人和图林根人的各种民族法,或将其重新记录下来。对巴伐利亚人和阿雷曼人的法律,卡尔发布了若干法令作为补充。即使法兰克人的法律在许多细节问题上对其他民族的法律有着决定性的影响,但卡尔仍然为后者的民族法保留了一定的独立性。某些部族截至此时尚未将本民族的法律书面化,所以,此次立法书面化对他们的民族传统也产生了巨大的影响。卡尔想借此次立法活动,一方面将帝国的法制生活制度化,以方便帝国统治,另一方面,提升自己在整个帝国的威望。因此,在萨克森地区,直到13世纪,人们还将卡尔视为杰出的立法者,这种现象并不足为怪。

所有法律都必须贯彻到实践行动中去。为此,卡尔将伯爵领地定为帝国的行政单位,帝国不久前才征服的地区也被划分为众多伯爵领地,以便构建帝国的行政体制。就像在墨洛温王朝时期一样,加洛林王朝的伯爵有权统率军队，主持法庭。这两项职责都隐含着巨大的经济利益，因为法庭若判处上缴罚金，部分罚金就归伯爵所有；而军队事务的决定权则可以使自由农民依附于伯爵。但是，伯爵管理制不可能覆盖整个帝国，因为自墨洛温王朝时代以来，就存在若干贵族自治区和享有宗教豁免权的特殊地区（受君主直接保护的独立地区）。卡尔将各地伯爵视为自己的官方代理人，但他们却企图摆脱统治者的控制。统治者并不能完全凭自己的心意任命伯爵，因为他还必须顾及候选人的家族要求和当地的权力分配情况。再加上，帝国的权力核心与某些伯爵封地相距甚远，仅凭这个原因，中央的观念就很难落实到外围地方。

尽管如此，卡尔仍力求改善此类状况。例如，他为了提高穷人和平民的地位，干预司法机构。在加洛林时代，日常生活中依然存在大量暴力行为。由于国家行政机构尚未发育成熟，比如缺乏警察机构，能够成功抓捕犯罪分子的情况很少。自救和血仇报复如同家常便饭。卡尔至少从理论上限制了这些行为，因为他坚持认为，有罪的一方若愿意支付赔偿金，受害方就必须接受。这在审判程序中较为常见。在审判中，伯爵或其代理人以国王的名义主持，并最终执行判决；民众中有法律事务经验的人则负责阐释法律。最初，法律阐释者是由民众针对每个案件专门推选出来的，后来卡尔规定，每个法院辖区必须有一名常年在职的"陪审员"。在阿尔卑斯山以北，他们出自富裕的庄园主阶层；在意大利，他们则是职业的公证员。另外，自由农民的出庭义务被限制在每年三次。卡尔还引入了所谓的"公诉证人":假如某种犯罪行为的受害者本人无法或不敢向法庭提起诉讼,那么,可以由"公诉证人"提起诉讼。卡尔意图贯彻法律和秩序的初衷是好的,然而他是否能够将自己的设想层层落实,我们却不得不有所怀疑。对此,阿尔昆描述说,这是连卡尔也无法克服的困难:"我深信,我们国王的意愿是美好的,但遗憾的是,在他前进道路上设置障碍的人,比支持他的人更多。"

封臣制度,或者说采邑制度,可能是统治者约束各级官员权力的有效手段,至少是约束他们个人的有效手段。封臣(vassus)一词来源于凯尔特语,意为"主人的仆从,附庸"。在墨洛温时代,半自由农民和非自由农民都被称为"附庸"。半自由农民和他们的祖先常常因为经济困难,或者被未来的主人强迫,而失去某些人身自由。他们的标志是"递手":下属将自己的双手放在主人的双手中,然后承诺效劳主人,愿意顺从主人的命令。另一方面,主人有义务保证听命者的生计。通常主人会给下属分配一份田地让他耕种,而作为回报,下属每年必须向主人缴纳地租。这种固定的依赖关系后来逐渐进入较高的社会阶层,但长久以来,人们仍然记得它的源头。比如,卡尔在787年用最极端的方式贬低了巴伐利亚公爵塔西洛三世的身份,强制他做自己的附庸,并将他统治的巴伐利亚降级为采邑,据为己有。

8世纪末和9世纪初,附庸身份最终能够被上流社会接受，可能要归功于卡尔贬低塔西洛三世的事件。那时，常常有年轻人，比如为了辅导贵族孩子学习来到王室，然后成了王室的附庸，再进而成为伯爵。当然，这些贵族（或国王）的附庸也都是贵族子弟，他们的父辈通常已经拥有自己的伯爵领地。假如统治者信任他们，就会在他们忠心服务多年后，赐予他们父辈的伯爵封地，或者另一片新的领地。但赐予领地后，他们仍然是统治者的附庸，并且因为领地的关系紧密地与统治者联系在一起。随着时间的推移，附庸身份和伯爵身份融为一体，因此，某位伯爵或帝国官员同时也是国王附庸的情况便司空见惯了。附庸的社会地位提高后，附庸身份的内容也随之改变，尤其是附庸的各项义务。主人不再要求附庸效劳和顺从，而是建议和辅助。换句话说，对附庸的各项约束明显放松，附庸面对自己的主人时享有更大的自由空间。

改善帝国行政管理的另一种渠道是，设立负责监督地方官员的中间机构。为了完成监督职责，卡尔派出了所谓的"国王特使"。国王特使常常两人一队——一名正式神职人员和一名普通基督徒，他们每年巡查一次，巡查的区域包含多个伯爵封地和主教区。德国中世纪史学家鲁道夫·席费尔形容："[他们]为了国王的利益，到处检查、调停"。但国王特使的权威很大程度上取决于他们的职务等级和个人声誉。这使他们和被检查的伯爵一样，无一例外都听命于顶级贵族，并导致利益冲突。此外，担任国王特使的主教和伯爵在具备特殊职权的同时，还有自己原本的职务，要彻底避免他们将两种职权混为一谈是不可能的。所以,国王特使的监督职能也逐渐丧失了原本的意义。

综上所述,只有统治者本人才能真正高效地监督帝国官员。因此,卡尔几乎始终在路上。他的宫廷队伍在帝国的众多行宫、修道院或主教府里短暂停留。众多行宫中,卡尔的父亲丕平最青睐前朝墨洛温王室逗留的地方,如贡比涅行宫,基耶尔济(巴黎以北)行宫,或阿蒂尼(在兰斯附近)行宫。而卡尔统治时更喜欢新的法兰克福行宫、英格尔海姆行宫、迪登霍芬行宫、沃尔姆斯行宫,以及最后的亚琛行宫。新行宫的位置标明,帝国的中心已经向东转移。795年以后,卡尔在冬季只光临亚琛行宫。亚琛是依照拉韦纳和帕维亚建造的。但是,关于卡尔选择在亚琛过冬的原因,我们今天只能猜测,因为卡尔当时必定也能够在其他城市中找到亚琛所具备的某些优点。逐渐老去的卡尔曾在亚琛的温泉中游泳,在亚琛西面绵延广阔的森林里狩猎,这些在当时都是符合贵族身份的消遣方式。801年,卡尔还命人将狄奥多里克大王的雕像从拉韦纳运到亚琛,以此将自己与这位伟大的哥特国王相提并论。他与狄奥多里克大王一样,都是"蛮族人",都统治过昔日罗马帝国的大部分地区。

墨洛温家族负责组织加洛林皇室的各类活动。曾经加洛林家族就是凭借宫相之职掌握实权,在此基础上夺取墨洛温王朝的权力。所以在加洛林王朝,宫相一职已经消失。尽管如此,四个宫廷大臣的职位还是顺利保留下来:司酒大臣、内廷大臣、宫廷总管和司库大臣。其中，宫廷总管负责为宫廷供应膳食，并管理皇室庄园，司库大臣负责管理宫廷。另外，皇室成员可以参与皇室的审判事务。以前墨洛温王室领地的职能，现在由加洛林皇室的宫廷教堂承担。宫廷教堂原本用来存放法兰克王国教士圣马丁的教袍，在宫廷教堂工作的神职人员被相应称为"宫廷教士"；他们中职位最高者，后来被称为"大宫廷教士"，负责监督皇室官方证明和信件的制定过程。另外，教堂中还可以保存重要文件。于是，"宫廷教堂"这一名称就被用来指代在宫廷教堂中工作的全体神职人员。

除了派特使外，卡尔定期召开帝国大会，负责维护统治者与管理宗教、世俗事务的重要大臣之间的关系。根据兰斯大主教欣克玛尔的《内务论》记载：帝国大会每年举行两次，春季召开的是全员大会，而秋季召开的大会规模较小，仅有帝国高级官员出席，负责规划帝国接下来一年的各项行动。卡尔通常到夏季才召开全员王国大会，在他掌权初期，经常选址在沃尔姆斯或英格尔海姆，后期则通常在亚琛。帝国大会的议程往往包含许多公共问题，比如粮食价格、货币发行情况，或者召集军队，但也会有法庭听证会或外使接待等事宜。此类帝国大会偶尔也会扩展成类似794年的法兰克福基督教宗教大会。

王室田产是王室统治权的物质基础，它们包括加洛林家族在现今洛林和摩泽尔河地区的祖传家族庄园，以及墨洛温家族的王室田产，尤其是在法兰西岛和苏瓦松周边地区的田产。800年前后，卡尔下令对整个帝国内的所有王室田产进行描述和记录，即将王室的建筑数量、牲畜存栏量以及王宫的全部财产——即使最后一根木耙也不能落下——登记造册。此次统计记录只有少数残留下来，如今却是我们研究加洛林时代农业发展的最重要的文献。在这方面，《田产法令》也是重要文献之一。它面向王室田产的管理者，包含各种非常详细的指令，比如关于种植果树和酿酒葡萄，通过伐木和植树造林维护森林，种植特定蔬菜、香草和调料作物，饲养大小型家畜和家禽等。国王不仅要求王室庄园的管理者按照规定为王室准确地提供农产品，还希望他们将过剩的产品储备起来或卖掉，并且买卖所得的每项利润都必须有据可查。卡尔试图严格规定王室田产的管理工作，每一处最微小的细节都不放过。但这方面的规定与他管理整个王国时的情况相同，因为王国官员的自私而失败。据推测，《田产法令》也是在一次危机——792年至793年的饥荒——之后颁布的。

卡尔也曾力图改革、重组金融业。针对金融领域，卡尔的措施尤其持久。他成功地将铸币权重新收归国王一人所有，王国的货币只能由王室铸币厂制造，其他任何地区无论在何种情况下，必须获得国王允许方可铸造。卡尔的父亲丕平之前已经在铸币事务中做过前期工作，在此基础上，卡尔采用统一的法定纯度铸造货币，为后世长期沿用的货币法规奠定了基础。一磅银应当铸造出二十先令，或二百四十芬尼；十二芬尼或十二第纳尔①与一先令或一苏勒德斯②价值相同。苏勒德斯在此是参照货币，已经不再铸造，因为法兰克王国是农业社会，日常生活中根本用不到贵重的苏勒德斯金币。卡尔获得的唯一一枚苏勒德斯金币，是他在货币改革几年前在英格尔海姆发掘古墓时发现的，根据金币的特征判断，它是在普罗旺斯的阿尔勒地区铸造的。即使是在意大利铸造的金币，也未发现有如此高的含金量。据此推断，800年左右，地中海地区的经济极有可能以海外贸易和金融业为主，唯有如此，当地才可能流通如此贵重的金币。

卡尔在位期间战事频繁，因此他还制定了关于自由农民服兵役的组织措施。在这方面，财产数量直接决定每个人服兵役的频度和强度。805年，卡尔在塞纳河和卢瓦尔河之间的地区招募军队，但是由于饥荒，招兵失败。所以卡尔规定，凡拥有三至五胡符③土地，或租赁庄园者，必须参军；拥有两胡符土地的两人应合并计算，当中一人上战场，另一人为其提供经济支持。若两名自由农民中，其中一人拥有一胡符土地，另一人拥有两胡符，则他们也适用于类似的合并计算规则。若三人各自拥有一胡符土地，则可对三人合并为小组计算；三人中可以最快从军者从军，其余两人负责为从军者提供武器装备。仅拥有半胡符土地者，

---

① 伊斯兰世界的银币，最早出现于693年（倭马亚王朝）的大马士革。
② 古罗马时期的一种金币，主要用于大宗交易。
③ 德意志农民的土地面积单位，1胡符相当于7至15公顷。

可以六人结为一组，前五人为第六人提供武器装备，以便第六人从军出征。对无田产但拥有一定数量现金的自由农民，卡尔也制定了相应的服兵役措施。数年后，必须服兵役者的土地面积标准由三胡符提高到四胡符。

学术界长久以来认为，这些规定恰恰是法兰克王国自由农民经济衰败的证据：由于8世纪后半叶，法兰克王国的战争形式逐渐转变为披甲骑兵战，自由农民无法承担必备的战马和盔甲的高昂费用。但令人疑惑的是，即使到9世纪，大多数法兰克军队仍旧由步兵组成。另外，学术界认为，法兰克王国实行的普遍兵役制似乎太过先进。以前的研究声称，从史前时代到8世纪后期，欧洲社会已经存在以自由、平等为基础的社会秩序，而这种社会秩序正是实行普遍兵役制的前提条件。然而，当时的社会秩序明显并非如此。6世纪，朝中重臣及其附庸军就已经是墨洛温王朝军队的中流砥柱。而7世纪下半叶和8世纪上半叶的许多内战都仅仅发生在贵族的附庸军队之间。实际上在卡尔大帝前，普遍兵役制从未存在过。所以当时的情况更可能是，卡尔大帝引入了普遍兵役制，并按照所描述的战斗方式把不富裕的自由农民考虑在内，唯有如此，国家才能招募到自由农民参军。

800年左右，法兰克帝国的扩张力达到极限，或许因此，这样的规定才成为必要。卡尔在多次征伐战争中主要依靠贵族及其附庸军队。小农场主对参战出征或多或少都有些不情愿，因为参战意味着自己的农庄将无限期停产，这显然对他们不利。而贵族可以承担这样的冒险，更何况，他们能够在战争中获得大量战利品。法兰克王国成了为攫取战利品烧杀劫掠的战争机器。从9世纪的前十年开始，诺曼人不断骚扰法兰克帝国的北部海岸线，有时他们为了搜刮战利品，甚至登陆进入帝国内部。此时，抵抗诺曼人的自卫战争已经蓄势待发，但贵族对此毫无兴趣，因为在自卫战争中，他们无法赢得任何利益。这种情况下，顺理成章地产生了针对普通自由农民的兵役制度，由他们来保卫家园。只有自由农民受到侵略者的直接影响；贵族们在帝国许多省份都置办了田产，所以可以避开北部海岸的问题。

卡尔不仅关心帝国的经济、行政和军队事务，也关心教育和科学的发展。西方基督教世界最重要的学者都在他的宫廷中任职，卡尔从一开始招募贤士时就不局限于王国内部，他们有：**盎格鲁-撒克逊人阿尔昆**、来自奥尔良的西哥特人狄奥多夫、来自阿奎莱亚的伦巴第人保利努斯、执事保罗，以及爱尔兰人邓格尔。他们都在自己的家乡受过非常优秀的教育。显然，起初没有任何一个法兰克人可以与他们相提并论。在墨洛温王朝末期，法兰克王国明显衰落，这对教育和科学事业产生了极大破坏，其后果是，卡尔在位时期，法兰克王国的教育和科学领域事实上几乎一片荒芜。法兰克人后来才逐渐弥补了自身与文化精英之间的差距，其中，最优秀者当属《卡尔大帝传》的作者艾因哈德。

在当时的教育和科学界可能流行着这样的思想：不仅个人创作，所有书面文本都应当以古典教育为标杆。这不是为古典而古典，而主要是为了更好地理解基督教教义，并从合乎教会规章制度的祷告中受益。礼拜仪式应当普遍适用，但事实上，各个地区的礼拜仪式存在着许多差异。再加上当时所有书面文本都采用的拉丁语正在演变分化，逐渐产生各种罗曼语[①]，结果各民族之间出现沟通障碍，统一礼拜仪式变得更加困难。

因此，卡尔对改革教会现状和构建帝国的世俗统治秩序都深为关切。在这方面，卜尼法斯和梅斯主教克罗德冈已经为卡尔奠定了前期工作基础。在此过程中，卡尔借助许多权威文本，凸显了罗马对法兰克教会改革的重大意义。早在774年，卡尔就恳请教皇阿德里安赐予一份《教会法规集》。它由狄奥尼修斯·伊希格斯在6世纪时编写而成，阿德里安本人又对其作了补充扩展。狄奥尼修斯-阿德里安版的《教会法规集》在法兰克王国被频繁使用。卡尔还以同样的方式从罗马拿到了教皇格列高利一世的《弥撒书》，以作为法兰克王国统一礼拜仪式的依据。787年后不久，卡尔又找到一份圣本笃的《修院圣规》；据说当时，《修院圣规》原件尚存于卡西诺山修道院，卡尔的样本正是原件的手抄本。《修院圣规》与罗马的修道院制度密切相关，甚至

---

① 拉丁语是古罗马帝国的官方语言，也是天主教会的正式工作语言。中世纪，拉丁语与欧洲民族的方言逐渐融合，形成了现代多种欧洲语言，包括法语、意大利语、西班牙语、葡萄牙语、罗马尼亚语等。

可能正是出自教皇格列高利一世本人之手。尽管还有许多其他权威文本，但这三部构成了卡尔教会改革的基础文件。

卡尔的教会改革有若干核心思想，其中之一便是重视教会法规，因为在卡尔看来，只有教会法规才能正确、统一地组织整个法兰克王国的教会生活。这种观点明确地呈现在卡尔写给各主教和修道院长的通函《论学习之培养》中。为此，最重要的前提条件是在主教座堂和修道院中设立学校，以保证基础教育。卡尔的原则是："良好的行动高于良好的知识，但知识是行动的前提。"学校负责教育神职人员和修士，使他们能够使用、抄写以及传播上述宗教书籍。为了避免各民族之间已形成的沟通障碍，卡尔强制规定使用古典拉丁语。于是在西方产生了一种纯粹的语言，但几乎只有学识渊博的神职人员才能使用，所以它与罗曼语族的各种语言渐行渐远。在帝国西部，甚至产生了一种新字体，即所谓的"加洛林小写体"。统一文字为新思想和古代文章的传播创造了重要的前提条件。阿尔昆为此事作出的个人贡献最为突出。在卡尔的请求下，他完成了一部校订版《圣经》，当中剔除了许多错误和不规范之处，更重要的是，它是用简便易读的加洛林小写体写成的。尽管这部《圣经》和其他加洛林时代的文本一样，未能达到推之四海皆可读的绝对普适程度，但它在后世也成了权威。

卡尔不仅发展教育，而且告诫他的臣民，要遵守基督教戒律，彻底摆脱异教信仰。在卡尔789年颁布的《告全体臣民书》中，他同样强调了以上观点，并公开效仿圣经中的国王约西亚——约西亚常常为王国的内部秩序殚精竭虑。卡尔要求神职人员和修士恪守基督徒生活，发挥模范作用，成为牧群中合格的牧人。在卜尼法斯的号召下，卡尔的伯父卡尔曼和父亲丕平就曾涉足教职人员世俗化的问题，但最终敷衍了事，因为他们需要教职人员的政治支持。卡尔曼和丕平仅小心翼翼地试图将主教的世俗职能和宗教职能分离开来。在此敏感领域，尽管比父辈更加强大，而且多次敦促教职人员遵守经典章程和古老的光荣传统，但卡尔也不得不和父辈们一样谨慎行事。教会史学家阿诺尔德·安格嫩特曾说道："主教们应当尽量在自己的主教府和主教管区中度过所有时间；绝不允许某一个主教统管多个主教管区。他们的注意力必须首先放在教士和心灵关怀上……为了进行心灵关怀，可以在本主教教区内召开宗教大会，培训、审查教职人员。无论身处何处置于何境，主教必须依照教规观察：神父们在讲授哪些内容、如何举行祷告、生活作风是否正当。主教应当定期巡访自己的教区，检视当地人的生活，并为青年作坚信礼。"

被委以重任的主教们，也必须有人监督；因此需要设立大主教。但面对重建教省的重任，卡尔并不急于求成，而是循序渐进。卡尔初登王位的那几年，法兰克王国只有一位大主教——桑斯大主教威尔莎尔，他也是梅斯主教克罗德冈的继承人。786年至787年间，威尔莎尔死后，大主教的数量才逐渐增加；至811年，卡尔在遗嘱中共列举出二十一个大主教教席。卡尔在许多法令，尤其是《告全体臣民书》中，已经构想了法兰克王国教省的职能运作。只有卡尔本人才能约束大主教，他一如既往定期召开宗教大会，借此遏止大主教们在自己的教省独揽大权。同时，统治者任命主教或修道院长的方式也没有专门规定，全凭卡尔的个人喜好。有时，卡尔甚至故意空缺某个教区的主教之位，以便自己享用当地的主教田产。总之，法兰克教会的真正领导人，始终都是国王本人。

卡尔以个人意愿统治王国的强烈渴望，不仅符合他的个性和当时社会的客观要求，同时至少也是卡尔在宫廷中大力发展教育与科学事业的间接结果。卡尔的种种努力满足了当时王侯行为规范中对理想统治者的各项要求。阿尔昆在这方面特别尽心，他经常提醒卡尔，国王最重要的职责就是统领臣民。仔细追究，这种观念可以追溯到奥古斯丁，其灵感来源于《旧约》中对以色列国王的劝诫。另外，《论世间十二种陋习》也非常有影响力，当时这篇文章被归在基督教早期神学家西普里安名下，但实际上产生于700年左右的爱尔兰。《论世间十二种陋习》中也强调，国王有统领臣民的义务；他不能用非正义的压迫手段将罪名推卸到臣民头上，而应作出公平的判决，无论涉事者身份高低。国王的其他职责还有保护教堂、寡妇和孤儿，反对偷盗和其他罪行，照顾穷人，委任优秀的顾问和官员，以及与异端作斗争。这些思想多次体现在卡尔的内政措施中。

卡尔在位期间，法兰克王国的内部政策在目标和现实之间存在较大分歧。根据最新推测，800年以后，卡尔的帝国幅员约一百万平方公里，包含一百八十个主教管区（当时正在形成的教皇国不计算在内），七百个修道院，七百五十个王室庄园区，庄园区中建有一百五十座行宫和二十五处王室府邸；帝国在意大利设有一百五十个行政区，西班牙二十个，高卢和莱茵河以东五百个。如此超乎想象的巨大帝国之所以还"可以统治"，或许是因为那个时代对国家体制的期待还远远没有达到今天的水平。但卡尔对此并不满足，他还在孜孜以求地贯彻自己进一步的想法。但帝国的实际情况可能并不如卡尔所认识的那样。813年，卡尔统治末期，他在帝国不同城市连续安排了五场宗教大会，以处理各种不良现象。因为贵族的自私自利，卡尔失败了。或许他本人也意识到了这一点，但他无法有效地限制贵族，因为他在治理帝国过程中仍需依赖贵族群体。按照传统，贵族有权在最高贵的位子上为国王服务。卡尔不得不考虑到，倘若没有贵族支持，他绝不可能在多次征伐大战中取得胜利。因此，卡尔治理帝国的措施中，只有少数得以延续。

第七章

卡尔的家庭与选定继承人

加洛林家族成员，尤其是男性族人之间能够相互信任，是加洛林王朝前期取得成功的决定性因素。丕平二世、铁锤卡尔和小丕平在位期间，都没有面临儿子起事造反的情况。但铁锤卡尔和小丕平在成为法兰克王国的唯一统治者之前，都曾与其他亲人进行过权力竞争。卡尔大帝也陷入了相同的处境；但由于弟弟卡尔曼英年早逝，两人的冲突才没有升级成战争。但卡尔的境遇又与他的祖辈们有所不同，他还必须额外面对一场逆子造反的斗争。艾因哈德对此变故的描述如下："他［卡尔］与一名情妇生下一子，取名丕平……［丕平］容貌俊美，但身躯驼背。卡尔与野蛮人［阿瓦尔人］战得不可开交，只得抱着病体在巴伐利亚过冬。而丕平被权力诱惑，竟然在此时与若干法兰克贵族谋害父王，意图夺取王位。阴谋败露后，他们被卡尔擒获；卡尔命人削去丕平的头发，丕平见大势已去，遂自愿贬入普吕姆修道院，终生侍奉上帝。"据说，丕平的目的是夺取王位。但是，丕平作为卡尔与情妇的儿子，真的有权继承王位吗？上文中艾因哈德简短且模糊的描述，恰好引领我们来到本章的核心主题——"家庭"和"继承人"。

首先，我们来分析卡尔与女性的关系，更具体地说，是与历任妻子和情妇的关系。763年，卡尔与一位名叫希米尔特鲁德的贵族女子成婚，驼背丕平正是这段婚姻的结晶。770年，卡尔在母亲的建议下，娶伦巴第国王德西德里乌斯的女儿为妻（历史上，这位王后的名字尚不确定）。以前的章节中也提到，教皇司提反三世曾反对这段婚姻，他的理由是，卡尔已经缔结了合法婚姻。此处的说法与艾因哈德的描述相互矛盾：驼背丕平的母亲并不是卡尔的情妇，而是——至少当时的教皇认为是——卡尔的合法妻子。然而，这并不妨碍卡尔休掉希米尔特鲁德。前不久，有人在尼韦勒修道院发现了希米尔特鲁德的骨骸，经检查发现，她在770年后经过多年才去世。卡尔与伦巴第公主结婚约一年后，由于各种政治原因，又将其送回德西德里乌斯处。或许就在同年（771年），卡尔娶希尔德嘉德为妻。希尔德嘉德的母亲出身于阿雷曼公爵世家，她本人还与巴伐利亚公爵塔西洛三世是近亲。此外，她的父亲格罗尔德在卡尔曼统治的小王国里拥有大片领地。长远来看，这场婚姻是卡尔所有婚姻中意义最重大的，因为从政治层面来说，它巩固了卡尔在莱茵河以东地区的地位；从王朝延续层面来说，希尔德嘉德为卡尔生育了三个儿子：卡尔、丕平和路易，他们三人后来都顺利长大成人。婚姻外卡尔可能还有一名出身贵族的情妇。783年4月末，希尔德嘉德王后在生下一名女婴不久后逝世，短短几周后，女婴也随她而去。同年，卡尔又在沃尔姆斯娶东法兰克伯爵拉杜尔夫的女儿法斯特拉达为妻。据艾因哈德描述，法斯特拉达发挥了巨大的政治影响。据说她待人态度生硬冰冷，先后将哈尔德哈特和继子驼背丕平逼上起兵谋反的道路。794年，法斯特拉达逝世后，卡尔娶阿雷曼女子柳特加尔德为妻，可惜她在800年卡尔加冕称帝前就已去世。此后卡尔再也没有结婚。我们已知卡尔此后有过三个情妇，她们即使不是非自由人出身，在社会上也微不足道；其中之一甚至来自归附法兰克王国不久的萨克森。

再观铁锤卡尔和丕平二世，或许不难发现，在加洛林家族中，卡尔与女性相处的方式完全是一种家族传统。只有卡尔的父亲矮子丕平是个例外，他与贝尔特拉达成婚后，在婚姻关系上严格遵守教会的规训。虽然他也曾意图离婚，但教皇的劝诫阻止了他。在婚姻问题上，他立下的法规同样符合教会的婚姻观，比如，他规定非婚生的孩子不能享有继承权。但卡尔的行为方式与基督教婚姻观完全背道而驰。他有时同时与多名女性保持关系，有时又任性地休妻离婚，这些都与教会的规定相去甚远。但是，直到卡尔去世以后，人们才敢在这方面公开批评他的生活作风。比如，赖谢瑙修道院中，有一名修士曾设想：尽管卡尔在保卫基督教信仰、引导教会的事业上功勋卓著，但因为他犯下过多肉欲之罪，彼世恐怕还是要痛心疾首地忏悔赎罪。卡尔和墨洛温王朝的历代国王一样，生活中常常会有类似一夫多妻制的、难以用法律准确定义的男女关系。唯有遇到或多或少门当户对的贵族女性时，卡尔才与其结成完全有效的婚姻。卡尔的历次婚姻都带有政治目的，他意图通过联姻使女方家族紧密地依附于王室。因此，卡尔历任王后的亲属在卡尔的宫廷中都取得了一官半职。例如，卡尔打倒塔西洛三世以后，任命希尔德嘉德的弟弟格罗尔德为巴伐利亚行政长官，以便自己能够在实质上替代前任公爵的角色。

然而从希米尔特鲁德的遭遇可知，即使是卡尔的结发妻子，也难保不被休掉。我们对希米尔特鲁德的家族几乎一无所知，但可以肯定地说，她与卡尔的政治联姻在许多方面都不如与伦巴第人的联盟关系坚实。卡尔的两个小儿子都结婚较早，迎娶的分别是来自意大利和阿基坦的贵族女子。此处反映出，卡尔为两个小儿子谋求的联姻都以巩固政权为目的。卡尔的长子和原继承人（与卡尔同名）于811年逝世，为何他年近四十都未结婚，目前尚无法解释；倘若再拿他的行为与同时代的其他人作一番对比，便更加无法理解。他终生不结婚应当不是父亲卡尔的主意，因为789年，卡尔曾计划让他的儿子娶盎格鲁-撒克逊的麦西亚国王奥法的女儿为妻。但这项计划由于奥法的反对未能成功，相反，奥法希望卡尔的女儿贝尔塔能嫁给自己的王位继承人艾克弗瑞斯。

但卡尔的想法并非如此，他以父亲的威严监管着所有未婚的女儿。假如某男子或某个家族能与卡尔的某个女儿结成连理，那么他或他的家族必定可以乘青云而上；更不用说外孙或外孙女的特权了。为巩固自身家族的特殊地位，卡尔与贵族保持距离。麦西亚国王奥法与法兰克国王相比，只是一位无足轻重的统治者，所以卡尔对待他也像对待贵族那样持保留态度。只有面对拜占庭帝国皇帝君士坦丁六世时，卡尔才破例答应将罗特卢德许配给他。然而，由于两国的关系变得疏远，这桩婚事也未能执行。艾因哈德曾声称，卡尔太过喜爱他的众多女儿，不愿失去她们，甚至不允许她们嫁人。但此次联姻计划表明，艾因哈德的描述并不完全准确。卡尔尽力阻止自己的女儿嫁给法兰克贵族的行为同样延续了墨洛温王朝的传统——他们之前常常将自家的未婚女儿送进修道院。在卡尔的后代身上也能发现这种家族传统。

卡尔共有八个女儿，希尔德嘉德为他生下三个，几位情妇为他生下五个。卡尔自己并未严格遵循传统，他允许八个女儿留在宫廷。卡尔的儿子丕平先卡尔而亡，卡尔便将丕平的五个女儿——自己的五个孙女也留在身边。但后来，卡尔的女儿们与他人私订终身，未婚先育，因而被传为宫廷丑闻。阿尔昆曾当着公主们的面，警告宫廷学校的某位学生："不要让那些戴着王冠、在宫殿里飞来飞去的鸽子落在你的窗台上。"奥尔良的狄奥多尔夫曾记载，她们（指卡尔的众多女儿）参与王室出席的所有重要活动，例如节日庆典、宴会和狩猎。800年，她们还陪同卡尔一同前往罗马，出席卡尔加冕称帝的仪式。卡尔在位晚期，她们可能对日益衰老的父皇产生了重大的政治影响，并集体承担了皇后的职能。卡尔对她们的行为和角色都不以为意，但虔诚者路易于814年即位后，立刻将他的姐妹们逐出宫廷；或许，这并非因为姐妹们的生活作风使他在道德上深感愤懑，而是为了遏止她们的政治影响。

在中世纪早期，王后的政治地位不容小觑。王后主管宫廷事务，因此也有权参与决策，例如决定宫廷人员在何处作短暂停留。阿尔昆有一次曾询问王后柳特加尔德，卡尔打算在何处过冬。另外，王后负责王室金库，借此掌握一种重要的统治工具。国王不在场的情况下，通常由王后代表国王，只要双方保持密切联系。如今唯一保留下来的卡尔的私人信件是写给法斯特拉达的。791年9月，他在信中提到，自己打算远征阿瓦尔人，并为了远征成功斋戒三天。他要求法斯特拉达在雷根斯堡的王宫中做同样的事。卡尔在信中还向她提到，她的继子——统治意大利的丕平——在攻打阿瓦尔人的战争中取得多次胜利；她对此似乎非常关心。卡尔最小的儿子虔诚者路易也曾短暂参加攻打阿瓦尔人的战争，而后被卡尔命人送到法斯特拉达处，受她照顾。王后法斯特拉达积极参与当时的许多政治事件，在国王外出期间，负责保障宫廷事务顺利运转。因此，卡尔在信的末尾，既用丈夫，又用统治者的口吻向法斯特拉达抱怨道，自己从雷根斯堡出发后，还未收到她寄来的任何消息。

卡尔很早就开始让他的儿子们为继承王位作准备。早在781年，他便分别任命希尔德嘉德的两个小儿子卡尔曼和路易为意大利和阿基坦的副王。教皇为两人主持授职典礼时，卡尔曼更名为丕平。这样一来，卡尔的子嗣中就有两人叫"丕平"；除了驼背丕平，现在又增添了统治意大利的丕平。驼背丕平虽然是卡尔与希米尔特鲁德的长子，但此次更名或许已经暗示，卡尔意图剥夺他的王位继承权。也有人推测，卡尔此举是为了纪念矮子丕平对教皇的友好政策，同时提醒意大利的新王丕平，他的爷爷矮子丕平在738年前后曾是当时伦巴第国王柳特普兰德的养子。因此，"丕平"之名代表着法兰克人与南方的复杂关系。希尔德嘉德生的第一个儿子的名字取自父亲卡尔。小卡尔和同父异母的哥哥驼背丕平原本被视为法兰克王国的真正继承人。但卡尔的期待逐渐从长子驼背丕平身上移开，再加上继母法斯特拉达对他心怀嫉妒，他最终在792年到793年间起事谋害父王卡尔。而小卡尔则在父亲身边出现得越来越频繁，并在多次重要的远征中担任卡尔的副手。789年，卡尔将纽斯特里亚的一部分交给他统治，但直到800年12月25日，即卡尔加冕称帝当天，小卡尔才被教皇利奥三世涂以圣膏，加冕为国王。

806年，卡尔终于决定以书面形式确定自己的继承人，这便是《帝国分配诏书》。该诏书在形式上属于法令或法规，内容上与之前已经制定的分配方式保持一致。根据诏书，小卡尔获得法兰克人的所有核心地区，涵盖从卢瓦尔河到莱茵河，到帝国刚刚征服的易北河与多瑙河之间的广大地区；丕平除了获得他统治的意大利外，还得到了巴伐利亚和阿雷曼尼亚南部地区；而路易最终不仅得到阿基坦，还得到塞普提马尼亚、普罗旺斯和部分勃艮第地区。引人注目的是，此次分配帝国并未像以前一样，将法兰克人的核心地带拆分开来。根据诏书，小卡尔可以单独继承加洛林家族在奥斯特拉西亚王国的家族领地、王室在纽斯特里亚王国的古老庄园，以及在这两个小王国中依附于加洛林家族的所有教堂和修道院。尽管其他王子获得的领地从幅员上来说与小卡尔的相差无几，但这种分配方式确凿地证明，小卡尔就是卡尔的主要继承人。此外，三位王子都分得了一部分边疆地区，以便面临外敌入侵的情况时，三人能平均分配边防任务。继续发动征伐战争已不可能，因为法兰克王国的扩张能力早就达到了极限。所以，三兄弟此时最重要的共同任务便是保护罗马教会，为此他们每人都获得了翻越阿尔卑斯山的部分交通要道。甚至教皇也参与了王位继承事宜。艾因哈德派人给教皇呈送了一份《帝国分配诏书》的摹本，让利奥三世表示同意后在摹本上署名。贵族们同意该《诏书》，帝国全体臣民也宣誓表示支持卡尔的分配计划。

　　卡尔确定了自己的继承事宜，但并不止步于此，而是进一步考虑了孙辈的继承问题。假如卡尔的某一个儿子不幸早逝，那么，他统治的部分应当平均分配给两位兄弟。此时，卡尔甚至已经提前预设了三种潜在情况下的分配边界。这些边界似乎显得"特别理性"（历史学家克拉森语），因为卡尔完全不考虑各个地区的地理关系和历史渊源。法兰克人的核心地带,以及意大利和阿基坦地区,历史上各自发展,政治上互相独立;卡尔任命两个儿子分别为意大利王和阿基坦王,等于间接承认了上述地区的独立性。但在卡尔预想的分配方案中,这些地区都受到了瓜分。这种分配方案对卡尔的孙辈非常不利,他们只有经贵族允许才能获得继承王位的主动权。统治意大利的丕平和统治阿基坦的路易此时均已后继有人,但下一代的继承权已经被这种分配方案限制。分配方式对孙辈不利的原因可以归结到古老的法兰克传统观念,但806年的特殊情况也必须被考虑在内。

卡尔还考虑到自己离世后儿子们应当如何对待下一代家族成员,这种行为是非常独特的:"关于我的孙辈——上述三个儿子的儿子们——无论已经出生,或是将来才降生的,我在此乐于作出以下规定:任何情况下,未经公正的审理和调查,不允许将孙辈中的任何人杀死、致盲、致哑,或强迫其削发为修士……我希望,他们能受到父亲和叔伯的尊重,而他们自己应该全心全意地听从父亲和叔伯的话,正如作为家人理所应当的那样。"要求孙辈们顺从长辈,尤其是叔伯的话也有必要,卡尔这是在告诫孙辈们就继承问题不要与叔伯争执。这也是他作为父亲和叔伯,被关在修道院的长子和侄子以命运苦苦相逼的肺腑之言。所以,卡尔强调孙辈们对儿子们的义务,也是在为自己求得良心安宁,因为驼背丕平曾密谋反叛他,弟弟卡尔曼的儿子们对他的统治也构成过严重的威胁。但卡尔自己或许最清楚，这不可能完全成真，因为他本人就曾逐渐将驼背丕平从继承人中排除，而他的侄子们也都未能长大成人。

卡尔为孙辈、侄子们以及未来统治者的儿子们都作了充足的考虑。这表明，他的家庭中不仅包含他的众多妻儿，还包括其他亲属。首先应当提到的，当属卡尔的母亲贝尔特拉达，她在卡尔执政初期占据突出的政治地位。直到783年7月去世，她一直生活在卡尔的宫廷中。卡尔的妹妹吉瑟拉曾被父亲丕平许配给拜占庭帝国的继承人，但后来成了谢勒王室修道院院长，并指导修道院编制了一部重要的历史著作。卡尔的叔叔伯恩哈德是铁锤卡尔的私生子，曾在攻打伦巴第王国时担任军队将领；他的妻子可能是一名萨克森贵族，他的孩子们在卡尔的宫廷中也颇受欢迎。比如卡尔的堂姐贡德拉达，她虽然不赞同卡尔的人生观，但和卡尔的关系也非常要好。她弟弟阿达尔哈德的传记作家曾记载，她"在宫廷形形色色的、炙热的爱情与美男子和俊俏少年的环绕中"保持自己的道德。阿达尔哈德从小与卡尔一起在伯父丕平的宫廷中长大。据说卡尔与伦巴第公主离婚后，阿达尔哈德曾愤懑不平、退出宫廷；但得到卡尔优待后，他们再度交好。他成为科尔比修道院院长，并最终在他母亲的家乡萨克森建立了科维修道院。伯恩哈德的另一个儿子，即卡尔的堂弟瓦拉，同样在卡尔的宫廷中担任要职。但在虔诚者路易执政后，阿达尔哈德和瓦拉的地位一落千丈。

在《帝国分配诏书》中，卡尔故意对一个非常重要的问题避而不答：他的皇帝之位应当传给谁？与法兰克王国的王位不同，皇帝之位是世间最高权力之主，本质上是不可分的。正因如此，卡尔加冕称帝后，才有了他与拜占庭之间的种种问题；法兰克方面的立场是，由于当时君士坦丁堡没有皇帝掌权，他们拥立卡尔为新皇是合情合理的。然而，或许卡尔宫廷中的人也明白，己方的辩白并非完全无懈可击。事实上，至少在双方相互认可之前，两位皇帝共存的现状是无法改变的。或许正是出于这个原因，卡尔在806年并未规定自己的皇位继承事宜。因为在此之前，卡尔必须先与拜占庭帝国皇帝达成一致。

812年，东罗马皇帝认可了卡尔的平等地位，卡尔终于可以正式确定自己的皇位继承事宜。但小卡尔和意大利王丕平已经分别在去年和前年离世，皇位继承人仅剩下阿基坦王路易，但相比于两个大儿子，卡尔似乎并不看好路易。813年9月，卡尔依照东罗马帝国的先例，在未邀请教皇参与的情况下，任命儿子路易为"共治皇帝"：人们在亚琛行宫教堂里共同祈祷，宣读了长长的告诫辞——要求路易善待自己的姐妹、同父异母的兄弟和其他亲属——然后，年迈的卡尔亲自为自己的儿子加冕称帝。在此之前，卡尔势必已与帝国的重要人物们协商良久，以说服他们接受这个明摆着的皇位继承方案。显然有人反对路易继承皇位。与这种情况类似的还有：卡尔在一年前不顾《帝国分配诏书》的规定，认定意大利国王丕平的儿子伯恩哈德继承其父，成为伦巴德王国的国王;由于伯恩哈德年龄尚小,便由卡尔的堂弟阿达尔哈德和瓦拉代为理政,二者与路易的关系都称不上友好。

卡尔于811年订立的个人遗嘱与他的政治遗嘱明显不同。他首先将自己的所有财产,包括所有珍宝,分为三份,又将其中两份再分别分为二十一份——与帝国的城市数量一致。剩余的三分之一则作为卡尔的生活费用,供他直到终老,或自愿离俗期间使用。待他抵达人生终点后,应在这部分遗产中加入由矿石、铁和贵金属制成的各类器皿和工具,还有武器、衣物和其他家用物品,无论贵重与否,例如窗帘、被褥、地毯、毛毡和皮革制品,甚至许多行囊,然后再将此三分之一财产分为四份。其中,第一份分配给各个城市;第二份分配给卡尔的子女及孙辈,他们必须公平公正地分享这部分遗产;第三份"按照基督教传统惯例"分配给穷人;最后一份应当按照类似方式,救济在宫廷中服务的男女仆佣。卡尔在遗嘱中确认,自己之前捐赠给宫廷教堂的所有物品仍归教堂所有,不参与分配。他个人图书馆中的藏书应当"以合适的价格"出售给感兴趣的人,所得收益全部分摊给穷人。考虑到自己与情妇所生的孩子,卡尔原本打算另立一份遗嘱,虽然已经开始着手,但生前未来得及完成。

813年和814年之交的冬天,卡尔一如最后几年的习惯,在亚琛过冬。据艾因哈德描述,卡尔秋季喜欢在最爱的亚琛行宫附近打猎,直到11月初。1月,卡尔发烧严重,只能卧病在床。为了战胜疾病,或者至少使病情缓和下来,卡尔开始斋戒。在患病的第七天,即814年1月28日上午,卡尔逝世。艾因哈德称,卡尔享年七十二岁;但事实上,卡尔还不满六十六岁。人们为卡尔清洗遗体、妆点仪容后,在他逝去的当天将他安葬在亚琛的圣母玛利亚教堂。艾因哈德写道,卡尔对自己最终的安息之地并未留下任何指示。但这并不符合事实,因为卡尔掌权后不久,便在圣但尼修道院为自己置办了一处墓地。但是,由于截至此时已过去四十余年,亚琛的人们已经无法或不愿再回想起此事。卡尔的女儿们必定参与了卡尔墓地的选定事宜,她们或许还试图比她们的兄弟——新任统治者虔诚者路易——抢先一步。但从另一方面来说,卡尔的葬礼算不上特别匆忙,因为按照当时的习俗,在死者逝去的当天下葬并不奇怪。他的墓地可能位于教堂前厅,人们在上面为他竖起一道裹金拱门,拱门上有他的画像以及如下铭文:"此处安息着伟大而信仰正统的皇帝陛下卡尔的遗体,他辉煌地拓展了法兰克人的王国,并统御王国四十七年!他享年七十有余,逝于主耶稣纪年的814年,与疾病抗争的第七日,1月28日。"

第八章

英雄和圣人：
中世纪时期后人眼中的卡尔

卡尔逝世时尚未满六十六岁,但他统治法兰克王国已经几乎长达四十六年之久,并在他长久的统治期中铸就了一个时代。想必对当时的世人来说,没有卡尔的生活简直无法想象。种种雄图伟业使他的声望无限高涨。因此,卡尔还在世时,就已经有人——主要是他宫廷学校的成员——开始神化他;其中最突出者,当属竭力赞美君主的阿尔昆和奥尔良的狄奥多尔夫。他们在众多赞美诗中强调,卡尔的学识、远见和聪慧使一切事物都相形见绌。还有一位诗人将卡尔称作"欧洲之父"、"欧洲德高望重的灯塔"。艾因哈德在传记中用整整一章来描写卡尔陨落的征兆,以此突出卡尔的重要性远远超出了同时代的普通人。

艾因哈德的《卡尔大帝传》虽然略带神化,但总体上仍然真实地刻画了这位伟大的法兰克国王;相比之下,口吃者诺特克[①]于883年撰写而成的《卡尔功业记》中,卡尔

[①] 口吃者诺特克(840—912),加洛林时代的重要诗人、学者。

的形象则变得充满传奇色彩。《卡尔功业记》最初是为了敬献给卡尔的曾孙卡尔三世①，因为卡尔三世再度统一了他曾祖父卡尔的帝国。诺特克在书中借鉴吸收了各种关于卡尔生平和功业的民间传说。自12世纪开始，卡尔被民间传说刻画为十字军东征的战士兼基督教圣徒。卡尔在后世的威望，想必与此有关。但此类民间传说的根源可以追溯到更早的时期。早在10世纪，索拉特山修道院的安德烈亚斯就提到，卡尔化身为朝圣者，向着君士坦丁堡和耶路撒冷而去。12世纪初，第一次十字军东征刚刚结束；圣但尼修道院的一名修士撰写消息声称，卡尔大帝也参加了十字军东征。两位修士都试图用各种传说，解释为何圣物会流落到自己的修道院中：圣徒安德烈亚斯的遗骸流落到了索拉特山修道院，而耶稣十字架上的一个钉子和耶稣的荆冠流落到了圣但尼修道院。

12世纪在法国产生的《罗兰之歌》，记载了778年卡尔率军远征西班牙的悲伤故事。不知名的诗人将此次失败刻画成英勇光荣的基督教骑士对战人数占优势的无信仰者的故事。据传，卡尔的侄子罗兰和他的同伴们为了他们的信仰光荣牺牲。这类描写过去战斗故事的主题切合十字军东征时代的精神特质。《罗兰之歌》中也呈现了正在凝聚的法国民族自豪感，因为卡尔也被看作一位伟大的法国君主。而在12世纪下半叶的德意志，所谓的"康拉德神父"通过

---

① 西法兰克王国国王，898—929年在位。

再创作的方式传播了《罗兰之歌》。另外，在许多宫廷文学作品中，卡尔化身为理想君主的形象。该时期还产生了一部编年史，即所谓《伪特平编年史》，其中也呈现了卡尔理想君主的形象。当时的人们认为，这部编年史的作者是兰斯大主教特平，他与卡尔是同时代人，所以这部作品最为真实可靠，它的普及程度甚至超过了艾因哈德的《卡尔大帝传》。这部编年史将基督教传奇故事的特点和众多民间传说的元素融为一体。

如此背景下，历史上德法两国的历代国王，从12世纪开始便愈来愈频繁地提起卡尔，也就不足为怪了。法国国王意图利用卡尔法兰克人的身份，将卡尔归为法国所有；作为对策，1165年，绰号为"巴巴罗萨"的德意志神圣罗马帝国皇帝腓特烈一世邀请教皇将卡尔大帝敕封为基督教圣徒。1180年，腓力二世登上法国王位。由于他父母双方的家族都以卡尔为先祖，他的即位被人赞颂为"卡尔家族回归法兰克王国"。那时，人们还在圣但尼修道院中发现了一把封存已久的古剑，据说，此剑属于卡尔大帝，所以不久后，它便成了历代法国国王加冕仪式上的权力象征。

中世纪晚期，卡尔在德意志被尊奉为立法者和许多制度、机构的建立者，如综合性大学的鼻祖、选帝侯神学院的奠基人、德意志主教领地法规的立法者和伯爵领地制度的创始人等。14世纪下半叶，神圣罗马帝国皇帝卡尔四世为了维护帝国传统，对与卡尔大帝同名的历史伟人崇拜有加。他的侄子法国国王卡尔五世在这方面也跟着模仿。至

15世纪下半叶，法国人对卡尔的个人崇拜达到顶峰，同时，在法国人民族自豪感不断膨胀的背景下，卡尔越来越明显地被用作政治工具。法国国王路易十一在面临死亡威胁的情况下，下令尊奉这位神圣的皇帝，并试图将这样的崇拜拔升为国家宗教。15世纪末的"德法矛盾"期间，皇帝马克西米利安一世就出身背景向法国国王发起挑战，双方争相证明卡尔大帝是自己的先祖。

即使在近代，人们依然对卡尔的国籍争论不休，其中还包括拿破仑。1804年，他拜访了位于亚琛的卡尔之墓，将自己视为这位"西方皇权奠基人"的后继人。1806年，他在给教皇的信中写道："我便是卡尔大帝。"直到20世纪，这类出于个人或国家目的争夺卡尔的狂热行为才逐渐消失，大家共同推举这位伟大的法兰克人为"欧洲先祖"。自1950年开始，亚琛市向为欧洲统一作出突出贡献的人物颁发"卡尔奖章"。1965年是卡尔成圣八百周年。值此良机，在欧洲委员会的赞助支持下，人们在亚琛举办了一场盛大的展览。展览手册的前言首先强调了一些浅显的历史事实，例如，卡尔的帝国"在领土上几乎恰好覆盖了今天的欧共体"。1996年，最近一次关于（墨洛温王朝时期）法兰克人的主题展览依次在曼海姆、柏林和巴黎举行，内容同样聚焦于欧洲的历史根源。

即使在面向大众的文化活动中，当代学术研究依然尽力将历史和当下严格地区分开来。在当下反思历史，尽量客观地认识卡尔大帝，仍然有它的意义。

时 间 表

482年至511年　克洛维一世在位，他是法兰克王国的建立者

511/561年　法兰克王国分裂

613年　在梅斯主教阿努尔夫和老丕平的辅佐下，克洛塔尔二世统一法兰克王国

656/657年　"格里莫阿尔德的王国"

687年　丕平二世取得泰尔特里战役的胜利，成为法兰克王国唯一的实际掌权者

714年　丕平二世去世，爆发继承权战争

717/718年　"铁锤卡尔"成为法兰克王国唯一的实际掌权者

732年　"铁锤卡尔"在普瓦捷战役中打败阿拉伯人

737年　"铁锤卡尔"不再拥立墨洛温家族成员为国王

741年　"铁锤卡尔"去世；卡尔曼和小丕平兄弟联手，剥夺了同父异母兄弟格里弗的继承权

743年　卡尔曼和丕平拥立墨洛温家族的希尔德里克

	三世为法兰克国王
747年	卡尔曼让位
748年	4月2日，卡尔大帝出生
751年	丕平称王
754年	教皇司提反二世访问法兰克王国；丕平第一次远征伦巴第
756年	丕平第二次远征伦巴第
760年至768年	征服阿基坦公国
768年	丕平去世；他的儿子卡尔曼和卡尔共同即位
771年	卡尔曼去世；卡尔成为法兰克王国唯一统治者
772年	第一次远征萨克森，摧毁"圣树"
773/774年	征服伦巴第王国，第一次远行罗马
775年至780年	率军远征萨克森
778年	远征西班牙
781年	第二次远行罗马；教皇阿德里安为卡尔的两个儿子丕平和路易涂圣膏，并加冕为王
782年	维杜金德带领萨克森人反叛，爆发孙特尔战役，卡尔在阿勒尔河边的韦尔东处决大批萨克森人，颁布《萨克森异教区法规》
783年至785年	再次征服萨克森
785年	维杜金德在阿蒂尼接受洗礼
787年	第三次远行罗马；征伐贝内文托公爵亚里齐

	斯；征伐巴伐利亚公爵塔西洛三世，最终将塔西洛贬为自己的附庸；尼西亚宗教会议
788 年	在英格尔海姆公开审判塔西洛三世
789 年	颁布《告全体臣民书》，法兰克王国全体臣民第一次宣誓
791 年	第一次征伐阿瓦尔人
792 年至 799 年	再次征服萨克森
792/793 年	驼背丕平欲谋害其父
794 年	法兰克福宗教会议
795/796 年	统治意大利的丕平和弗留利边区伯爵埃里希率军成功征服阿瓦尔人
797 年	颁布《萨克森法令》
799 年	教皇利奥三世为躲避罗马的敌人，逃往帕德博恩向卡尔求助
800 年	第四次远行罗马，12 月 25 日，在圣彼得大教堂加冕称帝
802 年	在亚琛召开王国大会，颁布多部重要的改革法令，全体臣民第二次宣誓效忠
804 年	最后一次征伐萨克森
806 年	颁布《帝国分配诏书》
810 年	意大利国王丕平去世
811 年	"小卡尔"去世

812年　拜占庭帝国皇帝米海尔一世认可卡尔的皇帝身份

813年　在亚琛任命虔诚者路易为"共治皇帝"

814年　1月28日在亚琛去世